Говорете
с оригиналния
глас

„Който язди на небесата,
които са от века;
ето,
издава гласа Си,
мощния Си глас."
(Псалми 68:33)

Говорете с оригиналния глас

д-р Джейрок Лий

Говорете с оригиналния глас от д-р Джейрок Лий
Публикувано от Юрим Букс (Представител: Кюнгтей Нох)
73, Yeouidaebang-ro 22-gil, Dongjak-gu, Seoul, Korea
www.urimbooks.com

Всички права запазени. Тази книга или части от нея не може да се възпроизвежда в никаква форма, да се съхранява във възстановяваща система или да се предава в каквато и да е форма или чрез каквито и да е електронни, механични, фотокопиращи, записващи или други средства, без предварително писмено разрешение на издателя.

Освен ако не е посочено друго, всички цитати от Светото писание са взети от Светата Библия, НОВАТА АМЕРИКАНСКА СТАНДАРТНА БИБЛИЯ, ® Авторско право © 1960, 1962, 1963, 1968, 1971, 1972, 1973, 1975, 1977, 1995 от Фондация Локман. Използвани с разрешение.

Авторско право © 2015 г. от д-р Джейрок Лий
ISBN: 979-11-263-1212-2 03230
Авторско право за превод © 2013 г. от д-р Етер К. Чанг.
Използвани с разрешение.

Публикувано за първи път през септември 2023 г.

Публикувана преди това в Корея през 2011 г. от Юрим Букс в Сеул, Корея

Редакция от д-р Джюмсан Вайн
Дизайн от Дизайнерския екип на Юрим Букс
Печат от Prione Printing
За повече информация, свържете се с: urimbook@hotmail.com

Послание за публикацията

С надежда читателите да получат отговори и благословии чрез оригиналния глас, който е изпълнен с делата на творението...

Има много видове звуци на този свят. Сред тях е жизнерадостното чуруликане на птиците, невинния смях на бебетата, приветствията на тълпата, шумът на бензиновите двигатели и звукът на музиката. Това са звуци, намиращи се в рамките на слуховия обхват, както и други звуци, като ултразвука, които хората не могат да чуят.

Ако честотата на звука е прекалено висока или прекалено ниска, няма да я чуем, макар и наистина да съществува. Освен това има звуци, които можем да чуем само с нашето сърце. Това е нещо като гласа на нашето съзнание. Какъв би бил най-красивият и най-могъщият звук? Това е „оригиналният глас", който говори Създателят Бог - произходът на всичко.

„Който язди на небесата на небесата, които са от века; Ето, издава гласа Си, мощния Си глас" (Псалми 68:33).

„...и ето, славата на Израилевия Бог идеше от източния път; гласът Му беше като глас на много води и светът сияеше от славата Му." (Езекил 43:2).

И известието, което чухме от Него и възвестяваме на вас, е това, че Бог е светлина, и в Него няма никаква тъмнина (1 Йоаново 1:5). Тогава планирал „човешката култивация", за да спечели истински деца, с които да споделя истинска любов и започнал да съществува като Триединния Бог като Бащата, Сина и Светия дух. Оригиналният глас се съдържа в Сина, в Светия дух и в Бащата.

Когато настъпило времето, Триединният Бог говорил с оригиналния глас, за да създаде небесата, земята и всички неща на тях. Той казал: „Да бъде светлина"; „Да се събере на едно място водата, която е под небето, та да се яви сушата; и стана така."; „Да произрасти земята крехка трева, трева семеносна и плодоносно дърво, което да ражда плод, според вида си, чието семе да е в него на земята; и стана така."; „Да има светлина на небесния простор, за да разделят деня от нощта; нека служат за знаци и за показване времената, дните и годините."; „Да произведе водата изобилно множества одушевени влечуги, и птици да хвърчат над земята по небесния простор" (Битие 1:3; 1:9; 1:11; 1:14; 1:20).

Следователно, всички сътворени неща могат да чуят оригиналния глас, произнесен от Триединния Бог и му се подчиняват, преминавайки ограниченията на времето и пространството. В четирите евангелия дори неживите неща, вятърът и вълните се успокояват, когато Исус говори с оригиналния глас (Лука 8:24-25). Когато казал на един парализиран човек: „Греховете ти са простени" и „Стани, вдигни си постелката и иди у дома си" (Матей 9:6), той се изправил и си отишъл вкъщи. Хората, които видели тази сцена, изпитвали благоговение и възхвалявали Бог, който дал такава власт на човека.

Йоан 14:12 гласи: „Истина, истина ви казвам, който вярва в Мене, делата, които върша Аз, и той ще ги върши; защото Аз отивам при Отца." Как да изпитаме днес делата на оригиналния глас? В книгата Деяния четем, че хората са използвани като инструменти на Бога за представяне на Божията сила според степента, в която отхвърлят злото от сърцата си, за да култивират святост в тях.

Петър казал на един човек, който не бил в състояние да върви от своето раждане, да проходи в името на Исус Христос Назарянин и протегнал ръката си. След това човекът се изправил, започнал да върви и да подскача. Когато казал на Табита, която била мъртва, „Стани", тя се съживила. Апостол Павел съживил един млад човек, наречен Евтих и когато носели на болните кърпички или престилки, взети от тялото му, болестите ги напускали и злите сили си тръгвали.

Това произведение Говорете с оригиналния глас е последната книга от поредицата „Святост и сила". Тя Ви показва начина да изпитате Божията сила чрез оригиналния глас. Има също въведение към действителните дела на Божията сила, за да могат читателите да приложат принципа в своя всекидневен живот. Има също „Примери от Библията", които ще помогнат на читателите да разберат духовното царство и принципите за получаване на отговори.

Благодаря на Джюмсан Вайн, директора на издателската къща и неговия персонал и се моля в името на Господ, колкото се може повече хора да получат отговори на своите молитви и благословии, като чуят оригиналния глас, който представя делата на творението.

Джейрок Лий

Предговор

Заедно с израстването на църквата, Бог ни позволи да проведем "Двуседмични продължителни специални събрания за съживяване" от 1993 до 2004 г. Бог позволи църковните членове да имат духовна любов и да разберат величината на добрината, светлината, любовта и силата на Бога. В течение на годините Бог им позволи да изпитат в живота си силата на творението, която превишава пространството и времето.

Посланията, проповядвани в тези събрания за съживяване, са обединени в поредицата за "Святост и сила". Говорете с оригиналния глас ни разкрива някои от дълбоките духовни неща, които не са станали широко-известни, като: произходът на Бог; първоначалните небеса; делата на силата, които са представени чрез оригиналния глас и как да ги изпитаме в действителния живот.

Глава 1, „Произход" обяснява кой е Бог, как съществувал и как и защо създал човешките същества. Глава 2 „Небеса" обяснява факта, че има много небеса и че Бог управлява над всички тях. Тя ни обяснява също, че ще получим решение на всеки проблем, ако просто вярваме в този Бог, чрез примера за Нееман, генерал от армията на Арам. Глава 3, „Триединен Бог" обяснява защо оригиналният Бог разделил пространствата и започнал да съществува като Триединен Бог, както и каква е ролята на всеки от Триединството.

Глава 4, „Справедливост" обяснява справедливостта на Бог и как да получим отговорите в съответствие с тази справедливост. Глава 5, „Подчинение" обяснява изцяло Божите думи и посочва, че ние също трябва да ги спазваме, за да изпитаме Божите дела. Глава 6, „Вяра" посочва, че макар и всички вярващи да казват, че вярват, има различия в степента на получените отговори и ни показва също какво трябва да направим, за да покажем вида вяра, който може да спечели пълното доверие на Бог.

Глава 7, „Според както вие казвате, кой съм Аз?" говори

за начина, по който да получим отговори с примера за Петър, който получил обещанието за благословия, когато проповядвал от все сърце, че Исус бил Господ. Глава 8 „Какво искаш да направя за теб?" обяснява подробно процеса, в който един сляп човек получил отговор. Глава 9 „Както си повярвал, така нека ти бъде" показва тайната за стотника, за да получи отговор и представя случаи от реалния живот на нашата църква.

Моля се в името на Господ всички читатели чрез тази книга да разберат произхода на Бог и делата на Триединния Бог, да получат всичко, което искат чрез своето подчинение и вяра в съответствие със справедливостта, за да възхваляват Бог.

Април, 2009 г.
Джюмсан Вайн,
Директор на издателската къща

Съдържание

Послание за публикацията

Предговор

Глава 1	Произход	· 1
Глава 2	Небеса	· 17
Глава 3	Триединен Бог	· 35

Примери от Библията I

Събития, които се случили, когато вратата на второто царство се отворила в първото царство

Глава 4	Справедливост	· 55
Глава 5	Подчинение	· 73
Глава 6	Вяра	· 91

Примери от Библията II
Третото небе и пространството на третото измерение

Глава 7	Според както вие казвате, кой съм Аз?	· 109
Глава 8	Какво искаш да направя за теб?	· 125
Глава 9	Както си повярвал, така нека ти бъде	· 141

Примери от Библията III
Силата на Бога, който притежава четвъртото небе

Глава 1 Произход

> Ако разберем произхода на Бог
> и как започнало да съществува човечеството,
> можем да изпълним всички задължения на хората.

Произходът на Бог

Оригиналният Бог планирал човешката култивация

Образът на Триединния Бог

Бог създал хората, за да спечели истински деца

Произходът на хората

Семената на живота и зачеването

Всемогъщият Създател Бог

„В началото бе Словото; и Словото беше у Бога; и Словото бе Бог."

(Йоан 1:1)

Много хора в днешно време търсят незначителни неща, защото не знаят за произхода на вселената или за истинския Бог, който я управлява. Те правят просто това, което им харесва, защото не разбират защо живеят на тази земя - истинската цел и стойност на живота. В крайна сметка животът им се олюлява като трева, защото не познават своя произход.

Въпреки това, ние ще вярваме в Бог и ще имаме живот, изпълнявайки „пълните задължения" на човека, ако разберем произхода на Триединния Бог и как хората са започнали да съществуват. Какъв е произходът на Триединния Бог, Бащата, Сина и Светия Дух?

Произходът на Бог

Йоан 1:1 ни обяснява за Бог в началото, по-конкретно за произхода на Бог. Кога е „началото" тук? То е преди вечността, когато нямало никой друг, освен Създателя Бог, във всички пространства на вселената. Всички пространства на вселената не означават само видимата вселена. Освен пространството на вселената, в което живеем ние, съществуват също невъобразимо обширни и неизмерими пространства. Създателят Бог съществувал в цялата вселена, включително тези пространства, преди вечността.

Тъй като всичко на тази земя има граници, както и начало и край, повечето хора не разбират лесно понятието „преди вечността". Бог би могъл да каже:

„В началото беше Бог", защо казал: „В началото бе Словото"? Това било защото по онова време Бог нямал „формата" или „външния вид", които има сега.

Хората на този свят имат ограничения, затова винаги искат някакъв вид реална форма или образ, която да бъдат способни да видят и да докоснат. Ето защо си правят различни идоли, които да почитат. Как могат обаче направените от хората идоли да станат бог, който създал небесата, земята и всички неща на тях? Как могат да станат бог, който контролира живота, смъртта, щастието и нещастието, и дори човешката история?

Бог съществувал като Словото в началото, но хората трябвало да бъдат способни да разпознават съществуването на Бог и Той добил форма. Как съществувал в началото Бог, който бил Словото? Той съществувал като красиви светлини и прекрасен глас и не се нуждаел от име или от форма. Той съществувал като Светлината, която съдържа гласа и управлява всички видове на вселената. Както гласи Йоан 1:5, Бог е Светлина, Той покрил всички видове в цялата вселена със Светлина, в която поместил глас и този глас е „Словото", споменато в Йоан 1:1.

Оригиналният Бог планирал човешката култивация

Когато настъпило времето Бог, който съществувал като Словото в началото, направил план. Това бил планът за „човешката култивация". Просто казано, това е план да създаде хората и да им позволи да се умножат така, че някои от тях да станат истински деца на Бог, които Му приличат. Тогава Бог щял да ги вземе на небесното царство и да живеят щастливо завинаги, споделяйки любов с тях.

След като замислил този план, Бог започнал да го изпълнява малко по малко. Първо, Той разделил цялата вселена. Ще обясня за пространството по-подробно във втората глава. В действителност, всички видове представлявали един и същи вид и Бог разделил единственото цяло пространство на много пространства според необходимото за човешката култивация. Случило се много важно събитие след разделяне на пространствата.

Преди началото съществувал Единственият Бог, но Бог започнал да съществува като Триединството на Бащата, Сина и Светия Дух. Това било сякаш Бащата Бог родил Бащата Син и Бог Светия Дух. Поради тази причина, Библията описва Исус като единствения роден Син на Бог. Евреи 5:5 гласи: „Ти си Мой Син. Аз днес Те родих."

Бог Син и Бог Светият Дух имат едно и също сърце и сила, защото произлизат от Единствения Бог. Триединството е едно и също във всичко. Поради тази причина, Филипяни 2:6-7 казва за Исус: „Който, като беше в Божия образ, пак не счете, че трябва твърдо да държи равенството с Бога, но се отказа от всичко, като взе на Себе Си образ на слуга и стана подобен на човеците."

Образът на Триединния Бог

В началото Бог съществувал като Словото, което се съдържало в Светлината, но Той придобил формата на Триединния Бог заради човешката култивация. Ще си представим образа на Бог, ако си представим сцената, в която Бог създал хората. Битие 1:26 гласи: „Да създадем човека по Нашия образ, по Наше подобие; и нека владее над морските риби, над небесните птици, над добитъка, над цялата земя и над всяко животно, което пълзи по земята." Тук „да създадем" се отнася за Триединството на Бащата, Сина и Светия дух и разбираме, че сме създадени по образа на Триединния Бог.

От думите „Да създадем човека по Нашия образ, по Наше подобие" разбираме също какъв е бил образът на Триединния Бог. Разбира се, създаването на човека по образ на Бога не означава само, че външният ни вид наподобява на Бога. Човек е създаден по образ на Бог и вътрешно; той бил изпълнен с добрина и истина.

Първият човек Адам обаче съгрешил в неподчинение и загубил образа, който му бил даден първоначално при неговото създаване. Той се опетнил с грехове и зло. Ето защо, ако разберем наистина, че тялото и сърцето ни са създадени по образ на Бога, ние ще възстановим загубения Му образ.

Бог създал хората, за да спечели истински деца

След разделяне на пространствата, Триединният Бог започнал да създава необходимите неща едно по едно. Например, Той не се нуждаел от Неговото обиталище, когато съществувал като Светлина и Глас. След като придобил форма обаче, Той се нуждаел от обиталище, както и от ангели и от небесни домакини, за да Му служат. Ето защо, Той създал първо духовни същества в духовното царство и след това създал всички неща във вселената, в която живеем.

Разбира се, Той не създал небесата и земята в нашето пространство веднага, след като създал всичко в духовното царство. След като Триединният Бог създал духовното царство, Той живял с небесните домакини и ангели за безкрайно дълъг период. След такъв дълъг период, Той създал всички неща в това физическо пространство. Едва след като създал всички среди, в които човешките същества да живеят, Той създал човека по Негово подобие.

Поради каква причина Бог създал хората, въпреки че имало многобройни ангели и небесни домакини, които да Му служат? Това било, защото искал да получи истински деца. Истински са онези деца, които приличат на Бог и споделят истинска любов с Него. С някои специални изключения, небесните ангели и домакини безусловно се подчиняват и служат, донякъде като роботи. Ако помислите за родителите и децата, няма родители, които да обичат покорните роботи повече от децата си. Те обичат децата си, защото споделят любов с тях с желание.

Човешките същества от друга страна са способни да се подчиняват и да обичат Бог с тяхната свободна воля. Разбира се, хората не могат просто да разберат сърцето на Бог и да споделят любов с Него веднага след своето раждане. Те трябва да изпитат много неща, докато израстват, за да почувстват любовта на Бог и да осъзнаят всичките си задължения. Само тези хора са способни да обичат Бог от все сърце и да се подчиняват на волята Му.

Такива хора не обичат Бог, защото са принудени да го правят. Те не се подчиняват на Божите думи поради страх от възмездие. Те просто обичат Бог и Му благодарят със своята свободна воля. Това отношение не се променя. Бог планирал човешката култивация, за да получи истински деца, с които да споделя любов, отдавайки и получавайки от сърце. За да се случи това, Той създал първия човек Адам.

Произходът на хората

Какъв е произходът на хората? Битие 2:7 гласи: „И Господ Бог създаде човека от пръст из земята, и вдъхна в ноздрите му жизнено дихание; и човекът стана жива душа." Ето защо, хората са специални същества, които не съответстват на теорията на Дарвин за еволюцията. Човешките същества не са еволюирали от по-нисши животни, за да достигнат съвременното ниво. Хората били създадени по образ на Бог и Бог вдъхнал дъха на живота в тях. Това означава, че духът и тялото произлизат от Бог.

Следователно, хората са духовни същества, които произлизат отгоре. Ние не трябва да мислим за себе си само като за малко по-напреднали от другите животни. Ако гледате фосилите, които са представени като доказателство за еволюцията, няма междинни фосили, които да свържат различни видове. От друга страна обаче, има много повече доказателства за творението.

Например, всички хора имат две очи, две уши, един нос и една уста, които се намират на едно и също място. Това не е валидно само за човечеството. Всички видове животни имат почти същата структура. Това е доказателството, че всички живи същества били сътворени от един Създател. Освен това фактът, че всички неща във вселената протича в съвършен ред и без никаква грешка, е доказателство за Божието творение.

Много хора в днешно време мислят, че човешките същества са еволюирали от животните и затова не осъзнават откъде идват и защо живеят тук. След като осъзнаем, че ние сме святи същества, създадени по образ на Бога, ще разберем кой е нашият Баща. Тогава естествено ще се стараем да живеем според Словото Му и да Му приличаме.

Възможно е да мислим, че нашият баща е нашият физически баща. Ако задълбочим това, първият физически баща е първият човек Адам. Ето защо разбираме, че нашият истински Баща е Бог, който създал човешките същества. Семената на живота първоначално също били отдадени от Бог. В този смисъл нашите родители просто отдали телата си като средства за обединяване на онези семена, за да бъдем заченати.

Семената на живота и зачеването

Бог дал семето на живота. Той дал сперма на мъжете и яйчници на жените, за да раждат деца. В този смисъл хората не раждат деца самостоятелно. Бог им дал семената на живота, за да раждат.

Семената на живота съдържат Божията сила, която създава всички човешки органи. Те са прекалено малки, за да бъдат видими с невъоръжено око, но в тях са събрани личностните характеристики, външният вид, навиците и жизнената сила. Ето защо след своето раждане, децата наследяват не само външния вид, но и личностните характеристики на своите родители.

Ако хората са способни да раждат, защо има безплодни двойки, които се мъчат да създадат бебе? Зачеването принадлежи само на Бог. В днешно време се извършва изкуствено осеменяване в клиниките, но те не са способни да създадат сперма и яйчник. Силата на творението принадлежи единствено на Бога.

Много вярващи, не само от нашата църква, но и от други държави, изпитаха тази сила на творението на Бог. Има много двойки, които не бяха способни да създадат бебе дори и след многогодишен брак, например от 20 години. Те опитаха безуспешно всички налични методи. След като получиха молитвата обаче, много от тях родиха здрави деца.

Преди няколко години една двойка, живееща в Япония, присъства тук на събрание за съживяване и получи моята молитва. Те не само бяха излекувани от заболяванията им, но получиха също благословията да заченат. Новината се разпространи и още повече хора от Япония дойдоха, за да получат моята молитва. Те също получиха благословията да заченат според вярата им. Това накрая доведе до създаването на клон на църквата в този район.

Всемогъщият Създател Бог

В днешно време виждаме развитието на съвременната медицинска наука, но създаването на живота е възможно само чрез силата на Бог, управителят на всичко живо. Чрез Неговата молитва починалите хора били съживени; получилите смъртна присъда от болницата били излекувани; много болести, неизличими от науката или медицината, били излекувани.

Първоначалният глас на Бог може да създаде нещо от нищото. Той показва делата на силата, за която нищо не е невъзможно. Римляни 1:20 гласи: „Понеже от създанието на света това, което е невидимо у Него, сиреч вечната Му сила и божественост, се вижда ясно, разбираемо чрез творенията; така щото, човеците остават без извинение." Виждайки всички тези неща, разбираме силата и божествената природа на Създателя Бог, който е произходът на всичко.

Хората определено ще бъдат ограничени, ако се

опитват да разберат Бог в рамките на собственото си знание. Ето защо много хора не вярват на думите, записани в Библията. Освен това мнозина твърдят, че вярват, но не вярват изцяло на всички думи в Библията. Исус познавал ситуацията на хората и затова потвърдил словото, което проповядвал, с толкова много могъщи дела. Исус казал: „Ако не видите знамения и чудеса никак няма да повярвате." (Йоан 4:48).

Същото е и днес. Бог е всемогъщ. Ако ние вярваме в този всемогъщ Бог и разчитаме изцяло на Него, всеки проблем ще бъде разрешен и всяка болест ще бъде излекувана.

Бог започнал да създава всички неща с Неговото слово, казвайки: „Нека бъде светлина." Чрез произнасянето на първоначалния глас на Създателя Бог, слепите ще прогледнат и хората в инвалидни столове и с патерици ще вървят и ще скачат. Надявам се да получите отговори на всички свои молитви и желания с вяра, когато бъде произнасян първоначалният глас на Бог.

Емануел Мараяно Йейпен (Лима, Перу)

Освободих се от страха от СПИН

Направиха ми медицински преглед, за да се присъединя в армията през 2001 г. и чух: „Имате положителен резултат за HIV". Това бе напълно неочаквана новина. Чувствах се прокълнат.

Не бях взел сериозно честата диария.

Просто седях на стола и се чувствах безпомощен.

„Как да съобщя на майка ми за това?"

Изпитвах мъка, но сърцето ми бе разбито още повече от мисълта за майка ми. Имах диария по-често и в устата и по краищата на пръстите ми се появи плесен. Страхът от смъртта започна да ме обхваща малко по малко.

Тогава чух, че през декември 2004 г. в Перу щеше да дойде могъщ служител на Бог от Южна Корея. Не вярвах обаче, че болестта ми можеше да се излекува.
Отказах се, но баба ми настоя много да присъствам на мисията. Накрая отидох в „Campo de Marte", където се проведе Обединената мисия в Перу през 2004 г. с преп. д-р Джейрок Лий. Това беше последната ми надежда.
Тялото ми вече бе развълнувано от силата на Светия дух, докато слушах посланието. Показаните дела на Светия дух бяха поредица от чудеса.

Преп. д-р Джейрок Лий не се моли за всеки човек, а за цялата тълпа. Много хора свидетелстваха, че бяха излекувани. Голям брой хора станаха от инвалидните столове и захвърлиха своите патерици. Мнозина се радваха за изцелението на техните неизличими болести.
С мен също се случи чудо. Отидох в банята след края на мисията

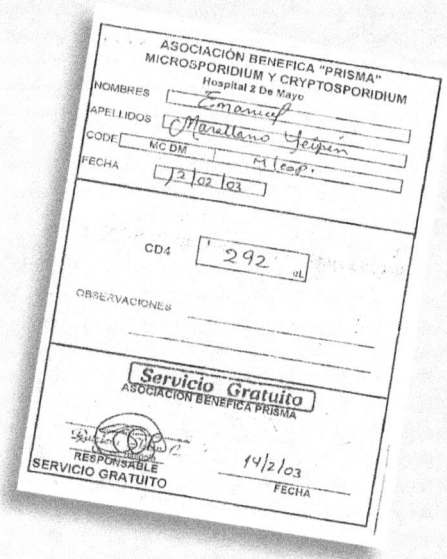

и за първи път от дълго време уринирах нормално. Диарията ми спря след два и половина месеца. Тялото ми беше много леко. Сигурен бях, че съм излекуван и отидох в болницата. Диагнозата гласеше, че броят на имунните клетки CD4 бе повишен толкова много, че се намираше в нормалните граници.

СПИН е неизличима болест, наречена съвременната Черна смърт. HIV унищожава имунните клетки CD4. Това води до изключително слаба имунна функция, което причинява други усложнения и накрая смърт.
Имунните клетки CD4 умираха и наистина е изумително, че бяха възстановени чрез молитвата на преп. д-р Джейрок Лий.

Извлечение от Изключителни неща

Глава 2 Небеса

> Първоначалният глас обитава на четвъртото небе,
> управлявайки всички небеса,
> първото небе, второто небе
> и третото небе.

Много небеса

Първото и второто небе

Райска градина

Третото небе

Четвъртото небе, обиталището на Бог

Всемогъщият Създател Бог

Всемогъщият Бог превъзмогва човешките ограничения

Да срещнем всемогъщия Създател Бог

„Ти си Господ, само Ти. Ти си направил небето, небето на небесата, и цялото им множество, земята и всичко що е на нея моретата и всичко що е в тях, и Ти оживотворяваш всичко това. и на Тебе се кланят небесните войнства."

(Неемия 9:6)

Бог превишава човешките ограничения. Той съществува от преди вечността във вечността. Светът, в който Той живее, е пространство, чието измерение е напълно различно от измерението на този свят. Видимият свят, в който живеят хората, е физическото царство и пространството, където обитава Бог, е духовното царство. Духовното царство определено съществува, но хората обикновено отричат неговото съществуване, само защото е невидимо за нашите физически очи.

Един астронавт казал в миналото: „Пътувах във вселената, но Бог не беше там." Каква глупава забележка е това! Той мисли, че видимата вселена е всичко, което има. Дори и астронавтите обаче са способни да кажат, че тази видима вселена е безгранична. Каква част от тази обширна вселена е видял този астронавт, за да отрича съществуването на Бог? Имайки човешки ограничения, ние дори не сме способни да обясним всички неща във вселената, в която живеем.

Много небеса

Неемия 9:6 гласи: „Ти си ГОСПОД, само Ти. Ти си направил небето, небето на небесата, и цялото им множество, земята и всичко що е на нея моретата и всичко що е в тях, и Ти оживотворяваш всичко това. и на Тебе се кланят небесните войнства." Това ни казва, че няма само едно небе, а много небеса.

Колко небета има в действителност? Ако вярвате в небесното царство, вероятно си представяте две небета. Едното е небето в това физическо царство, а другото в небесното царство, което е небето на духовното царство. Библията обаче споменава множество небета на много места.

„Който язди на небесата на небесата, които са от века; ето, издава гласа Си, мощния Си глас" (Псалми 68:33).

„Но Бог наистина ли ще обитава на земята? Ето, небето и небето на небесата не са достатъчни да Те поберат; колко по-малко тоя дом, който построих!" (1 Царе 8:27)

„Познавам един човек в Христа, който, преди четиридесет години, (в тялото ли, не зная, вън от тялото ли, не зная, Бог знае), бе занесен до третото небе" (2 Коринтяни 12:2).

Апостол Павел, който бил взет на третото небе, ни казва, че има първо, второ и трето небе, и може да има повече небета.

Също така, Стефан казал в Деяния 7:56, „и рече: ето, виждам небесата отворени, и Човешкият Син стоящ отдясно на Бога." Ако духовните очи на хората са отворени, те са способни да видят духовното царство и да осъзнаят съществуването на небесното царство.

Днес дори и учените казват, че има много небета. Един от водещите учени в тази област е Макс Тегмарк, космолог, който въвежда концепта за вселена от четири равнища.

Той гласи основно, че въз основа на космическите наблюдения, нашата вселена е част от цялата вселена, където съществуват множество вселени и всяка от тях има различни физически характеристики.

Различните физически характеристики означават, че характеристиките на времето и пространството са много различни. Разбира се, науката не е способна да обясни всичко за духовното царство. Въпреки това, дори и чрез научен подход, можем поне да предположим факта, че нашата вселена не е всичко.

Първото и второто небе

Многото небета могат да бъдат категоризирани основно в две под-категории. Това са небето в духовното царство, което е невидимо за нашите очи и небето във физическото царство, в което живеем. Физическата вселена, в която живеем, е първото небе, а от второто небе нататък е духовното царство. На второто небе има област на светлината, където се намира Райската градина и област на тъмнината, където обитават злите духове.

Ефесяни 2:2 гласи, че злите сили са „княза на въздушната власт" и този „въздух" принадлежи на второто небе. Битие 3:24 ни казва, че на изток от Едемската градина Бог поставил херувимите и пламенния меч, който се въртял на всички посоки, за да пази пътя към дървото на живота.

„Така Той изпъди Адама; и постави на изток от Едемската градина херувимите и пламенния меч, който се въртеше, за да пазят пътя към дървото на живота."

Защо Бог ги оставил на изток? Причината е, че „изток" е като границата между света на злите духове и Едемската градина, която принадлежи на Бог. Бог пазил Градината, за да не позволи на злите духове да влязат в нея, да ядат от дървото на живота и да получат вечен живот.

Преди да яде от дървото на познанието на доброто и злото, Адам имал властта, която получил от Бог, за да управлява в Едемската градина и върху всички неща в първото небе. Въпреки това, Адам бил изгонен от Едемската градина, защото не се подчинил на Словото на Бог и ял от дървото на познанието. От тогава някой друг трябвало да пази Едемската градина, където се намирало дървото на живота. Ето защо, Бог оставил херувимите и пламенния меч, който се въртял във всички посоки, на мястото на Адам, за да пази Градината.

Едемската градина

В Битие, глава 2, след като Бог създал Адам от пръстта на земята, Той направил градина в Рая и оставил Адам на това място. Адам бил „живо същество" или „жив дух". Той бил духовно същество, който получил дъха на живота от Бог. Ето защо, Бог го оставил на второто небе, което е е духовно пространство, за да живее там.

Бог го благословил също да покори и да управлява над всичко, докато пътувал към Земята на първото небе. След като Адам съгрешил с неподчинението си на Бог, духът му умрял и той не бил способен повече да живее на духовно място. Ето защо бил изгонен от Земята.

Хората, които не разбират този факт, все още се опитват да намерят Едемската градина на Земята. Те не разбират, че Едемската градина се намира на второто небе, което е духовно царство, а не на този физически свят.

Пирамидите в Гиза, Египет, едно от чудесата на света, са толкова съвършени и величествени, че изглеждат сякаш не са построени с човешка технология. Средното тегло на всяка част от камъка е 2.5 тона. 2.3 милиона части от камъка съставляват една пирамида. Откъде са взели всички тези камъни? Какъв вид инструменти са използвали, за да ги построят по онова време?

Кой построил тези пирамиди? На този въпрос може да се отговори лесно, ако разберем за различните небеса и духовното пространство. Повече данни са обяснени в лекциите за Битие. Кой живее сега в Едемската градина, след като Адам бил изгонен от нея, заради своето неподчинение?

В Битие 3:16, Бог казал на Ева, след като съгрешила: „Ще ти преумножа скръбта в бременността; със скръб ще раждаш чада." „Преумножа" означава, че имало известна болка при раждането, която щяло да бъде увеличена в значителна степен. Също така, Битие 1:28 гласи, че Адам и Ева „се размножили", което означавало, че Ева родила, докато живяла в Едемската градина.

Следователно, Адам и Ева имали безкраен брой деца в Едемската градина. Освен това, те все още живеят там, след като Адам и Ева били изгонени заради греховете им. Преди съгрешението на Адам обаче, хората в Едемската градина били способни да пътуват свободно до земята, но имали ограничение след неговото изгонване.

Концептът за време и пространство между първото и второто небе е много различен. На второто небе също има поток от време, но той не е така ограничен, както на първото небе, нашият физически свят. В Едемската градина никой не остарява и не умира. Нищо не загива и не изчезва. Дори и след дълго време, хората в Едемската градина не изпитват такава разлика във времето. Те имат усещането, че живеят във време, което не минава. Освен това, пространството в Едем е безкрайно.

Ако хората не умират в първото небе, то ще се изпълни с хора някой ден. Второто небе обаче има безкрайно пространство и никога няма да се изпълни с хора, независимо колко хора се раждат.

Третото небе

Има друго небе, което принадлежи на духовното царство. Това е третото небе, където се намира небесното царство. Това е мястото, където ще живеят завинаги спасените деца на Бог. Апостол Павел получил ясни разкрития и визии от Господ и казал в 2 Коринтяни 12:2-4, „Познавам един човек в Христа, който, преди четиридесет години, (в тялото ли, не зная, вън от тялото ли, не зная, Бог знае), бе занесен до третото небе. И такъв човек, познавам, (в тялото ли, без тялото ли, не зная; Бог знае), който бе занесен в рая, и чу неизразими думи, които на човека не е позволено да изговори."

Така, както във всяка държава има столица и други по-малки градове, на небесното царство има много обиталища, започвайки от града на Новия Ерусалим, където се намира Божият трон, до Рая, който може да се счита за покрайнините на небесното царство. Нашите обиталища ще бъдат различни в зависимост от степента, в която обичаме Бог, в която сме култивирали сърцето на истината и сме възстановили загубения образ на Бог на тази земя.

Третото небе има дори по-малко ограничения на времето и пространството от второто небе. То има вечно време и безкрайно пространство. За човешките създания, които живеят на първото небе, е трудно да разберат пространството и времето на небесното царство. Нека да си представим един балон. Преди да го напълните с въздух, балонът има ограничено пространство и обем. Той обаче ще се промени драстично, в зависимост от обема на въздуха, който вкарвате в него. Небесното царство има подобно пространство. Когато строим къща на тази земя, ние се нуждаем от терен и пространството, върху което можем да строим, ще бъде ограничено. В пространството на третото небе обаче, къщите могат да бъдат построени по много различен начин от този на тази земя, защото концептът за повърхност, обем, дължина или височина там превишава концептите за тази земя.

Четвъртото небе, обиталището на Бог

Четвъртото небе е първоначалното място, където Бог съществувал преди началото и преди да раздели цялата вселена на няколко небеса. На четвъртото небе е безсмислено да се използва концептът за време и пространство. Четвъртото небе превишава всички концепти за време и пространство и на това място всичко, което желае Бог в съзнанието Си, ще бъде направено веднага.

Възкръсналият Господ се явил на Неговите ученици, които се страхували от евреите и се криели в къщата с всички врати заключени (Йоан 20:19-29). Той се появил по средата на къщата, въпреки че никой не отворил каквато и да е врата за Него. Той се явил също от нищото на Неговите ученици, които се намирали в Галилея и ял с тях (Йоан 21:1-14). Той бил тук на тази земя в продължение на четиридесет години и се възнесъл на Небето в облаците пред очите на много хора. Виждаме, че възкръсналият Исус Христос бил способен да преминава физическото време и пространство.

Колко повече ще бъдат такива нещата на четвъртото небе, където живял Бог? Така, както пази и управлява всички пространства във вселената, докато съществува като Светлината, съдържаща Гласа, Той властва над всичко в първото, второто и третото небе, като пребивава на четвъртото небе.

Всемогъщият Създател Бог

Този свят, в който живеят човешките същества, е много малко място в сравнение с другите просторни и мистериозни небеса. Хората на земята правят всичко възможно, за да водят по-добър живот, като преминават през всякакви трудности и изпитания. Нещата на земята за тях са сложни и проблемите са трудни за решаване, но те не представляват проблем за Бога.

Представете си, че един човек наблюдава света на мравките. Мравките понякога изпитват големи трудности да носят храната. Въпреки това, за един човек е лесно да я сложи в дома на мравката. Ако мравката се натъкне на локва, която е прекалено голяма, за да я пресече, човек може да постави мравката на ръката си и да я пренесе на земята от другата страна. Колкото и да е труден един проблем за мравките, това е дребен проблем за човека. По същия начин, нищо не представлява проблем с помощта на Всемогъщия Бог.

Старият завет свидетелства много пъти за всемогъществото на Бог. Чрез силата на всемогъщия Бог, Червено море било разделено на две и река Йордан спряла да тече. Слънцето и луната останали неподвижни и когато Моисей ударил една скала с жезъла си, от нея бликнала вода. Независимо колко голяма сила, богатства и познания притежава човек, способен ли е той да раздели морето на две и да спре движението на слънцето и луната? Исус казал в Марко 10:27, „За човеците това е невъзможно, но не и за Бога; защото за Бога всичко е възможно."

Новият завет също представя много случаи, когато болните и недъгавите били излекувани и станали нормални, и дори мъртвите били съживени чрез силата на Бога. Когато болните получавали кърпички или престилки, докоснати от Павел, болестите ги напускали и злите духове си тръгвали.

Всемогъщият Бог превъзмогва човешките ограничения

Дори и в днешно време, нищо не би представлявало

проблем, ако можем просто да получим силата на Бог. Дори и най-трудно изглеждащите проблеми няма повече да представляват проблеми. Това се доказва всеки ден в църквата, в която проповядвам. Толкова много неизличими болести, включително СПИН, са излекувани, когато вярващите слушат Словото на Бог по време на религиозните служби и получават молитвата за изцеление.

Не само в Южна Корея, но също така безброй хора в целия свят изпитаха удивителните дела на изцелението, които са записани в Библията. Тези дела бяха показани по CNN. Освен това имаме помощник пастори, които се молят с кърпичките, на които аз съм се молил. Чрез тези молитви се случват изумителни дела на божествено изцеление, които преминават расовите и културните ограничения.

Що се отнася до мен, всички мои житейски проблеми бяха разрешени след като срещнах Създателя Бог. Имах толкова много болести, че ме наричаха „склад за болести". В семейството ми нямаше мир. Не бях способен да видя никакъв лъч надежда. Въпреки това, бях излекуван от всички мои болести в момента, в който коленичих в църквата. Бог ме благослови, за да изплатя финансовите дългове, които имах. Те бяха толкова много, че изглеждаше невъзможно да бъдат платени в границите на един човешки живот, но аз ги изплатих само за няколко месеца. Семейството ми отново стана радостно и щастливо. Преди всичко, Бог ме призова да стана пастор и ми даде Неговата сила, за да спася многобройни души.

Много хора в днешно време казват, че вярват в Бог, но само малцина живеят с истинска вяра. Когато имат проблем, повечето от тях разчитат на човешки начини, вместо да зависят от Бог. Те са объркани и обезсърчени, когато проблемите им не се решават според техните начини. Ако се почувстват зле, не се обръщат към Бог, а зависят от лекари в болницата. Ако изпитват трудности в своята работа, търсят помощ от тук и от там.

Някои вярващи се оплакват на Бог или загубват вяра поради физически затруднения. Стават нестабилни във вярата си и загубват увереност, ако са преследвани или когато очакват загуба поради това, че са се държали почтено. Те обаче не биха направили това, ако вярват, че Бог създал всички небеса и прави така, че всичко да бъде възможно.

Бог създал всякакъв вид вътрешни органи за човешките същества. Има ли някаква сериозна болест, която Бог да не може да излекува? Бог казал: „Среброто е Мое, и златото е Мое" (Агей 2:8). Може ли Той да не направи богати децата Си? Бог може да направи всичко, но хората се чувстват обезсърчени или обезкуражени и се отдалечават от истината, защото не вярват на Всемогъщия Бог. Независимо какъв проблем има един човек, той може да го разреши винаги, ако вярва истински на Бог от все сърце и разчита на Него.

Да срещнем всемогъщия Създател Бог

Историята на главнокомандуващия Нееман в 4 Царе Глава 5 ни учи как да получаваме отговори на нашите проблеми от Всемогъщия Бог. Нееман бил военачалник на армията на Арам, но не можел да направи нищо за неговата проказа.

Един ден той чул от малка еврейска пленница за силата на Бог, която изпълнил Елисей, пророкът на Израел. Той бил неевреин и вярвал в Бог, но не пренебрегнал думите на малкото момиче, защото имал добро сърце. Подготвил ценни приношения, за да се срещне с Елисей, Божия човек и започнал дълго пътуване.

Когато пристигнал в дома на Елисей, пророкът не се молил за него и не го посрещнал. Всичко, което направил, било да изпрати един човек да му каже да измие тялото си седем пъти в река Йордан. Отначало се почувствал обиден, но след това Нееман променил мнението си и се подчинил. Въпреки че нито делата, нито думите на Елисей имали смисъл според неговия начин на мислене, той се доверил и се подчинил на Божия пророк, който произнесъл тези думи с Божията сила.

Когато Нееман потопил тялото си седем пъти в река Йордан, проказата му била излекувана чудодейно и напълно. Какво символизира тук потапянето на неговото тяло в река Йордан? Водата е Божието слово. Това означава, че на човек може да бъде простено за греховете му, ако пречисти сърцето си с Божието слово по начина, по който изчиства тялото си с вода. Тъй като числото седем символизира съвършенството, потапянето седем пъти показва, че му било напълно простено.

Както беше обяснено, за да получим отговор от всемогъщия Бог, между нас и Бог трябва да има комуникация чрез опрощение на греховете ни. Както е записано в Исая 59:1-2: „Ето, ръката на ГОСПОДА не се е скъсила та да не може да спаси, нито ухото Му отъпяло та да не може да чува. Но вашите беззакония са ви отлъчили от Бога ви, и вашите грехове са скрили лицето Му от вас, та не ще да чува."

Ако не познаваме Бог и не сме приели Исус Христос, трябва да се разкаем за това, че не сме Го приели (Йоан 16:9). Бог казва, че сме убийци, ако мразим нашите братя (1 Йоаново 3:15) и трябва да се покаем за това, че не сме ги обичали. Яков 4:2-3 гласи: „Пожелавате, но нямате; Ревнувате и завиждате, но не можете да получите. Карате се и се биете; но нямате, защото не просите. Просите и не получавате, защото зле просите, за да иждивявате в сластите си." Ето защо, трябва да се покаем за това, че се молим с алчност и със съмнение (Яков 1:6-7).

Освен това, трябва да се покаем изцяло, ако не прилагаме Божието слово на практика докато проповядваме с вяра. Не трябва само да казваме, че съжаляваме. Трябва да раздерем напълно сърцата си, докато плачем. Разкаянието ни ще се счита за истинско, само когато сме решени твърдо да живеем според Божието слово и действително да го спазваме.

Второзаконие 32:39 гласи: „Вижте сега, че Аз съм Аз, и освен Мене няма Бог; Аз убивам и Аз съживявам, Аз наранявам и Аз изцелявам; и няма кой да избавя от ръката Ми." Това е Бог, в когото вярваме.

Бог създал небесата, земята и всички неща на тях. Той познава всички наши ситуации и е достатъчно могъщ, за да отговори на всичките ни молитви. Независимо колко отчаяни или потискащи са ситуациите за хората, Той може да преобразува всичко, като обръщането на монета. Следователно, надявам се да получите отговори на Вашите молитви и желания на сърцето Ви, като имате истинска вяра, за да разчитате само на Бог.

Д-р Виталий Фишберг (Ню Йорк, Съединени американски щати)

На сцената на чудесата

Преди да завърша медицинския университет в Молдова, аз бях редактор на медицинското списание „Вашият семеен лекар", което е известно в Молдова, Украйна, Русия и Беларус. През 1997 г. се преместих в САЩ. Завърших докторат по Натуропатична медицина, клинично хранене и интегративна медицина, алтернативна медицина, ортомолекулярна медицина и природни здравни науки. Когато пристигнах в Ню Йорк след моето завършване, скоро станах добре известен в руската общност и много вестници публикуваха мои статии всяка седмица. През 2006 г. чух, че щеше да има голямо християнско събрание на Медисън Скуеър Гардън. Имах възможност да се срещна с представители на църквата Манмин и изпитах силата на Светия дух чрез тях. Две седмици по-късно присъствах на мисията.

Преп. д-р Джейрок Лий се моли за присъстващите след като проповядва защо Исус е нашият Спасител. „Господи, излекувай ги! Господи, ако посланието, което проповядвам, не е вярно, нека да не мога да извършвам дела на силата тази вечер! Ако е вярно обаче, нека толкова много хора да видят доказателството за живия Бог. Нека куцият да проходи! Нека глухите да чуят! Нека всички неизличими болести да бъдат изгорени с огъня на Светия дух и хората да оздравеят!"

Бях шокиран да чуя такава молитва. Ами ако не се случи никакво божествено изцеление? Как може да се моли така уверено? Въпреки това, вече се случваха удивителни неща, дори преди да завърши молитвата за болните. Хората, които страдаха от зли духове, бяха освободени. Немите проговориха. Слепите започнаха да виждат. Голям брой хора свидетелстваха за излекуване на нарушения им слух. Голям брой хора станаха от инвалидните столове и захвърлиха своите патерици. Някои от тях свидетелстваха, че бяха излекувани от СПИН.

С продължаване на мисията, Божията сила се разкриваше още повече. Лекари от световната мрежа на християнските доктори, WCDN, които дойдоха от различни държави, имаха определено място за получаване на свидетелства. Те се опитваха да удостоверят медицински свидетелствата и накрая имаше недостиг на лекари, които да регистрират всички излекувани хора!

Нубиа Кано, 54-годишна жена от Куинс, имаше диагноза за тумор на гръбначния мозък от 2003 г. и не беше способна да се движи или да върви. Прекарваше цялото си време на легло и мъчителната болка я принуждаваше да й правят инжекции с морфин на всеки 2 часа. Лекарят й беше казал, че нямаше да бъде в състояние отново да ходи.

Когато присъства с един приятел на „Мисията в Ню Йорк през 2006 г. с преп. д-р Джейрок Лий", тя видя много хора да получават Божието изцеление и започна да придобива вяра. Когато получи молитвата на преп. Лий, изпита топлина в тялото си и почувства сякаш някой масажираше гърба й. Болката в гърба й изчезна и след мисията бе в състояние да върви и да се навежда! Лекарят й беше изумен да я види - някой, който

Лекари на WCDN, потвърждаващи свидетелствата

не беше способен да върви отново - да върви така, свободно, както винаги. Тя дори е способна сега да танцува под ритъма на меренге.

Максимила Родригез от Бруклин имаше лошо зрение. Тя носеше контактни лещи от 14-годишна и очила през последните 2 години. В последния ден на мисията получи молитвата на преп. д-р Джейрок Лий с вяра и веднага осъзна, че беше в състояние да вижда отново без нейните очила. Днес може да прочете дори най-дребно написаните части от Библията, без помощта на очила. Нейният офталмолог бил удивен, след като видял и потвърдил неоспоримото подобрение в зрението й.

Медисън Скуеър Гардън, където се проведе мисията през юли, 2006 г., наистина представлява сцена на чудеса. Много бях развълнуван да видя Божията сила. Силата Му ме промени и ми позволи да видя нов път в живота. Реших да стана Божи инструмент, за да докажа по медицински начин изцерителните дела на Бога и да ги направя известни в целия свят.

- Извлечение от Изключителни неща -

Глава 3  Триединен Бог

> Богът, в който вярваме, е един Бог, но в Него има три личности: Бащата, Синът и Светият дух.

Провидението на Бог за човешката култивация

Същността и последователността на Триединния Бог

Ролите на Триединния Бог

Синът Исус открива пътя за спасение

Светият дух постига спасението

Не угасявайте Духа

Бащата Бог, Директорът на човешката култивация

Триединният Бог изпълнява провидението за спасение

Отричане на Триединния Бог и делата на Светия дух

„Идете, прочее, научете всичките народи, и кръщавайте ги в името на Отца и Сина и Светия Дух."

(Матей 28:19)

Триединен Бог означава, че Бащата Бог, Синът Бог и Бог Светият дух е единен. Богът, в който вярваме, е един Бог. Той обаче има три личности в Себе Си: Бащата, Синът и Светият дух. Тъй като са едно, ние казваме: „Триединен Бог" или „Бог Триединството".

Това е много важна доктрина на християнството, но едва ли има някой, който да бъде способен да я обясни точно и подробно. Така е, защото е трудно за хората, които имат ограничено мислене и теории, да разберат произхода на Създателя Бог. Според степента, в която разбираме Триединния Бог, ние сме способни да разберем Неговото сърце по-ясно и да получим благословии и отговори в комуникацията с Него.

Божието провидение за човешката култивация

Бог казал в Изход 3:14: „АЗ СЪМ ОНЯ, КОЙТО СЪМ". Никой не е родил или създал Бог. Той просто съществувал от началото и е извън способностите на човешкото разбиране или въображение; Той няма начало или край и просто съществува от преди вечността през вечността. Както бе обяснено по-горе, Бог съществувал сам като Светлината с мелодичния глас в обширното пространство (Йоан 1:1; 1 Йоаново 1:5). В определен момент от времето обаче, Той искал да има някой с Него, с когото да споделя любов и планирал човешката култивация, за да се сдобие с истински деца.

За извършване на човешката култивация, Бог първо разделил пространството на духовно пространство и физическо пространство, където да живеят хората с физически тела. След това, започнал да съществува като Триединния Бог. Първоначалният Бог започнал да съществува в три личности - на Бащата, Сина и Светия дух.

Библията казва, че Бог Синът Исус Христос, бил роден от Бог (Деяния 13:33) и Йоан 15:26 и Галатяни 4:6 гласят, че Светият дух дошъл също от Бог. Сякаш създавайки алтер его, Синът Исус и Светият Дух произлезли от Бог Баща, което било абсолютно необходимо за човешката култивация.

Синът Исус и Светият дух не са творения, създадени от Бог, а са самият първоначален Бог. Те са едно по произход, но съществуват самостоятелно за човешката култивация. Ролите им са различни, но Те са едно в сърце, мисли и сила и затова казваме, че са Триединният Бог.

Същността и последователността на Триединния Бог

Подобно на Бащата Бог, Синът Исус и Светият дух също са всемогъщи. Също така, Синът Исус и Светият дух чувстват и желаят Бащата Бог да чувства и да желае. Също така, Бащата Бог чувства радостта и страданията на Сина Исус и Светия Дух. Въпреки това, Трите личности са независими създания, които имат самостоятелни характери и ролите Им са различни.

От една страна, Синът Исус е получил същото сърце като Бащата Бог, но Неговата божественост е по-силна от Неговата хуманност. Ето защо, Неговото божествено достойнство и правосъдие са по-забележителни. От друга страна, в случая на Светия дух, Неговата хуманност е по-силна. Неговият деликатен, любезен, милостив и състрадателен характер е по-забележителен.

Както бе обяснено, Синът Бог и Бог Светият дух са едно по произход с Бащата Бог, но са самостоятелни създания с добре отличителни характери. Ролите им също са различни според последователността. Синът Исус Христос прилича на Бащата Бог и Светия дух прилича на Сина. Той служи на

Сина и на Бащата с любов.

Ролите на Триединния Бог

Трите личности на Триединството изпълняват заедно духовенството за човешката култивация. Всяка от Трите личности изпълнява изцяло Своята част, но понякога провеждат духовенството заедно в много важни моменти от човешката култивация.

Например, Битие 1:26 гласи: „И Бог каза: Да създадем човека по Нашия образ, по Наше подобие." Можем да заключим, че Триединният Бог създал човешките създания по Свое подобие. Също така, когато Бог слязъл да провери Вавилонската кула, Трите личности били заедно. Когато хората започнали да строят Вавилонската кула с желанието да станат като Бог, Триединният Бог объркал езика им.

В Битие 11:7 е записано: „Елате да слезем, и там да разбъркаме езика им, тъй щото един други да не разбират езика си." Тук „елате да слезем" е в първо лице, множествено число и виждаме, че Трите личности на Триединния Бог били заедно. Както е обяснено, Трите личности понякога действали като едно, но в действителност имат отделни роли, за да се изпълни провидението за човешката култивация от Творението до спасението на човешките създания. Каква роля има всяка от личностите на Триединството?

Синът Исус открива пътя към спасението

Ролята на Сина Исус е да стане Спасителят и да открие пътя за спасението на грешниците. Тъй като в своята неподчинение, Адам ял от плода, забранен от Бог, грехът постъпил в хората и сега се нуждаели от спасение.

Според закона на духовното царство, който гласи, че

надницата за греха е смърт, те били обречени на вечна смърт и огъня на Ада. Въпреки това, Исус - Синът на Бога, платил наказанието за смъртта на грешниците, за да не отидат в Ада.

Защо Синът Исус трябвало да стане Спасителят на цялото човечество? Така, както всяка държава има свои закони, духовното царство има свои закони и не всеки може да стане Спасител. Човек може да открие пътя за спасението, само ако отговаря на всички изисквания. Какви са изискванията за един човек, за да стане Спасител и да открие пътя за спасението на хората, които били обречени на смърт заради греховете?

На първо място, Спасителят трябва да е човек. 1 Коринтяни 15:21 гласи: „Понеже, както чрез човека дойде смъртта, така чрез човека дойде възкресението на мъртвите." Както е записано, тъй като смъртта дошла в хората поради неподчинението на човека Адам, спасението също трябва да дойде чрез човек като Адам.

На второ място, Спасителят не трябва да е потомък на Адам. Всички потомци на Адам са грешници, защото са родени с първородния грях, наследен от техните бащи. Нито един потомък на Адам не може да стане Спасител. Исус обаче бил заченат от Светия дух и не е потомък на Адам. Той няма първороден грях, наследен от родителите (Матей 1:18-21).

На трето място, Спасителят трябва да има сила. За да изкупи грешниците от врага дявол, Спасителят трябва да има сила и духовната сила означава безгрешност. Той не трябва да има първороден грях и не трябва да извършва никакъв грях, като спазва изцяло Божието слово. Той трябва да е свободен от всякакъв грях или порок.

На последно място, Спасителят трябва да има любов. Дори и човек да отговаря на трите изисквания по-горе, той не би умрял за греховете на други хора, ако не притежава любов. Тогава човечеството никога няма да бъде спасено. Ето защо, Спасителят трябва да притежава любовта, за да поеме наказанието на смъртта вместо хората, които са грешници.

Филмът „Страстта на Христос" описва много добре страданията на Исус. Исус бил бичуван и плътта Му била раздрана. Той бил закован през Неговите ръце и крака и носил корона от тръни на главата Си. Той бил разпънат на кръста и когато умрял, бил пронизан от едната страна, за да пролее цялата Си кръв и вода. Той поел всички тези страдания, за да ни спаси от всички пороци, грехове, болести и слабости.

След прегрешението на Адам, нито един човек не отговаря на четирите изисквания. Освен това, потомците на Адам наследяват първородния грях, по-конкретно греховния характер, от своите праотци, когато се раждат. Няма нито един човек, който да спазва изцяло закона на Бога или да не е съгрешил. Един човек с много дългове не може да изплати дълговете на другите. По същия начин, грешниците, които имат първороден грях и извършени собствени грехове, не могат да спасят грешниците, други човешки създания. Поради тази причина, Бог подготвил тайната, скрита от преди вековете, по-конкретно - Синът на Бога Исус.

Исус отговарял на всички изисквания, за да стане Спасител. Той бил роден на земята с човешка плът, но не бил заченат от съчетаването на спермата на мъжа и яйцето на жената. Дева Мария заченала чрез Светия дух. Ето защо, Исус не бил потомък на Адам и нямал първороден грях. През целия Си живот спазвал изцяло Закона и не извършил никакъв личен грях.

Ето защо, Исус бил разпънат с пожертвувателна любов

към грешниците. По този начин, за човешките създания бил открит пътят да получат опрощение за греховете им чрез Неговата кръв. Ако Исус не беше станал Спасителят, всички човешки създания след Адам щяха да попаднат в Ада. Освен това, ако всички бяха попаднали в Ада, нямаше да бъде изпълнена целта за постигане на човешката култивация. Това означава, че никой нямаше да бъде в състояние да отиде на небесното царство и следователно, Бог нямаше да спечели истински деца.

Ето защо, Бог подготвил Сина Исус, който да изпълни ролята на Спасителя, за да изпълни целта за човешката култивация. Всеки, който повярва в Исус, който умрял на кръста за нас без никакъв грях, може да получи опрощение на греховете си и да получи правото да стане дете на Бог.

Светият дух завършва спасението

На следващо място, ролята на Светия дух е да завърши спасението, което хората получили чрез Сина Исус. Това е подобно на майката, която храни и отглежда своето новородено бебе. Светият дух посажда вяра в сърцата на хората, които приемат Господ и ги ръководи, за да постигнат небесното царство. Той разделя безброй души, когато извършва Неговото духовенство. Първоначалната същност на Светия дух е на едно място, но безброй духове, разделени от Него, провеждат духовенства в същото време навсякъде по света със същото сърце и сила.

Разбира се, Бащата и Синът могат да разделят безброй души, какъвто е случаят на Светия дух. Исус казал в Матей 18:20: „Защото, гдето двама или трима са събрани в Мое име, там съм и Аз посред тях." Разбираме, че Исус е способен да раздели многобройни духове от Неговата първоначална личност. Господ Исус не може да бъде с вярващите като

Неговата първоначална личност, на всяко място, където се събират в Негово име. Вместо това, Той разделил духове, които да отидат навсякъде и да бъдат с тях.

Светият дух ръководи всеки вярващ с толкова любезност и обич, както майката се грижи за своето бебе. Когато хората приемат Господ, духовете, разделени от Светия дух, навлизат в сърцата им. Независимо колко хора приемат Господ, разделените духове на Светия дух могат да влязат в сърцата на всички тях и да обитават там. Когато това се случи, ние казваме, че те „са получили Светия дух". Светият дух, който обитава в сърцата на вярващите, им помага да имат духовна вяра, за да бъдат спасени и ги учи да постигнат пълна вяра, като частен учител.

Той ръководи вярващите да научат старателно Божието слово, да променят сърцата си според Словото и да продължават да израстват духовно. Според Божието слово, вярващите трябва да променят своята невъздържаност в отстъпчивост и своята омраза в любов. Ако сте изпитвали завист или ревност в миналото, сега трябва да се радвате на успеха на другите в истината. Ако сте били арогантни, сега трябва да сте смирени и да служите на другите.

Ако сте търсили собственото благополучие в миналото, сега трябва да пожертвате себе си до смърт. Не трябва да причинявате зло на хората, които са се държали лошо с Вас, а да разчуствате сърцата им с добрина.

Не угасявайте Духа

Дори и да сте приели Господ и да сте вярвали в продължение на няколко години, ако все още живеете порочно, както преди да вярвате, Светият дух, който живее във Вас, ще стене много. Ако ние лесно се раздразваме, когато страдаме безпричинно или ако осъждаме и критикуваме нашите братя в Христос и разкриваме техните прегрешения, няма да сме способни да повдигнем глава пред Господ, който умрял за нашите грехове.

Представете си, че сте постигнали църковна длъжност, като дякон или старши член, но нямате мир с другите, причинявате им трудности или ги карате да залитат, защото сте убедени в собствената правота. Тогава Светият дух, който живее във Вас, ще скърби много. Тъй като сме приели Господ и сме родени отново, трябва да се опитаме да отхвърляме всякакъв вид зло и грехове и да повишаваме вярата си ден след ден.

Дори и да сте приели Господ, ако все още живеете в греховете на света и извършвате греховете, водещи до смърт, Светият дух във Вас накрая ще Ви напусне и името Ви ще бъде изтрито от книгата на живота. Изход 32:33 гласи: „Но Господ рече на Моисея: който е съгрешил против Мене, него ще залича от книгата Си."

Откровение 3:5 гласи: „Който победи, ще се облече така в бели дрехи; и Аз никога няма да излича името му от книгата на живота, но ще изповядам името му пред Отца Си и пред Неговите ангели." Тези стихове ни казват, че дори и да сме получили Светия дух и имената ни да са записани в книгата на живота, те могат също да бъдат изтрити.

Също така, 1 Солунци 5:19 гласи: „Духа не угасвайте." Както е посочено, дори и да сте спасени и да сте получили Светия дух, Светият дух ще бъде угасен, ако не живеете в истината.

Светият дух обитава в сърцето на всеки вярващ и го ръководи, за да не загуби спасение, като непрекъснато го обучава за истината и го призовава да живее според Божията воля. Докато ни учи за греховете и за праведността, Той ни позволява да научим, че Бог е Създателят, Исус Христос е

Спасителят, има Небе и Ад и ще има Осъждане.

Светият дух се застъпва за нас пред Бащата Бог, както е записано в Римляни 8:26: „Така също и Духът ни помага в нашата немощ: понеже не знаем да се молим както трябва; но самият Дух ходатайствува в нашите неизговорими стенания." Той съжалява, когато Божите деца извършват грехове и им помага да се разкаят и да се откажат от греховете.

Той им дава вдъхновението и пълнотата на Светия дух, както и различни подаръци, за да отхвърлят всякакви видове грехове и да изпитат делата на Бога. Ние, които сме деца на Бога, трябва да помолим за тези дела на Светия дух и да желаем по-дълбоки неща.

Бащата Бог, ръководител на човешката култивация

Бащата Бог е ръководител на големия план за човешката култивация. Той е Създателят, Управителят и Съдията на Последния ден. Синът Бог, Исус Христос, открил пътя за спасението на човешките създания, които са грешници. Накрая Бог Светият дух ръководи хората, които са спасени, за да имат истинска вяра и да постигнат пълно спасение. С други думи, Светият дух завършва спасението, дадено на всеки вярващ. Всяко духовенство на Трите личности на Бог действа като една сила в постигане на провидението за култивиране на човешките създания като истински деца.

Въпреки това, всяко от Трите духовенства е добре отличително според последователността, макар че Трите личности работят съгласувано по едно и също време. Когато Исус дошъл на земята, Той следвал напълно волята на Бащата, без да упражнява Своята собствена воля. Светият дух бил с Исус и Му помагал с Неговото духовенство от времето, когато Исус бил зачнат от Дева Мария. Когато

Исус бил разпънат на кръста и страдал от болки, Бащата и Светият дух изпитали едновременно едно и също чувство и болка.

По същия начин, когато Светият дух стене и се застъпва за душите, Господ и Бащата чувстват същата болка и страдат също. Трите личности на Триединния Бог правили всичко с еднакво сърце и воля във всеки момент и изпитвали еднакви чувства по време на духовенството на всяка Личност. Накратко казано, Трите личности постигнали всичко като Три в Едно.

Триединният Бог изпълнява провидението за спасение.

Трите личности на Бог изпълняват провидението за човешката култивация като Три в Едно. Както е записано в 1 Йоаново 5:8: „Духът, водата и кръвта; и тия три са съгласни." Водата тук символизира духовенството на Бащата Бог, който е Словото. Кръвта означава духовенството на Господ, който пролял кръвта Си на кръста. Триединният Бог извършва духовенството, като Духа, Водата и Кръвта, които са съгласувани, за да свидетелства, че вярващите деца са спасени.

Ето защо, трябва да разберем ясно всяко духовенство на Триединния Бог и не трябва да имаме предпочитание само към една Личност от Триединството. Само когато приемем и вярваме в Трите личности на Триединния Бог, ще бъдем спасени с вярата в Бога и ще бъдем способни да кажем, че познаваме Бога. Когато се молим, ние се молим в името на Исус Христос, но Бащата Бог е този, който ни отговаря, а Светият дух ни помага да получим отговора.

Исус казал също в Матей 28:19: „Идете, прочее, научете всичките народи, и кръщавайте ги в името на Отца и Сина и Светия Дух" и апостол Павел благословил вярващите в името на Триединството в 2 Коринтяни 13:14, „Благодатта на Господа Исуса Христа, и любовта на Бога и общението на Светия Дух да бъде с всички вас." Ето защо, на сутрешните неделни служби се дава благословение, за да могат децата на Бог да получат благоволението на Спасителя и Господ Исус Христос, любовта на Бащата Бог и вдъхновението и пълнотата на Светия дух.

Отричане на Триединния Бог и на делата на Светия дух

Има хора, които не приемат Триединството. Сред тях са Свидетелите на Йехова. Те не признават божествеността на Исус Христос, нито индивидуалната личност на Светия дух и се считат за еретици.

Библията казва, че хората, които отричат Исус Христос и предизвикват разрушение върху себе си, са еретици (2 Петрово 2:1). Привидно изглежда, че практикуват християнството, но не спазват Божията воля. Нямат нищо общо със спасението и ние вярващите не трябва да се лъжем.

За разлика от тези ереси, някои църкви отричат делата на Светия дух, но признават вярата в Триединството. Библията описва различни дарове на Светия дух, като говоренето на езици, пророчеството, божественото изцеление, откровенията и виденията. Някои църкви осъждат тези дела на Светия дух като нещо погрешно или се опитват да възпрепятстват делата на Светия дух, въпреки че признават, че вярват в Бог.

Те често осъждат църквите, които представят даровете на Светия дух като еретични. Това обижда пряко Божията воля и те извършват непростимия грях на богохулството, опозоряването или противопоставянето на Светия дух.

Когато извършват тези грехове, духът на разкаянието не идва върху тях и те не могат да се покаят.

Дори и да клеветят или осъждат един Божи служител или църквата, изпълнена с делата на Светия дух, това е също сякаш обиждат Триединния Бог и действат като дявола, който се противопоставя на Бога. Децата на Бога, които са спасени и са получили Светия дух, не трябва да избягват делата на Светия дух, а напротив - трябва да ги желаят. Особено що се отнася до проповедниците, те не само трябва да изпитат делата на Светия дух, но и да ги изпълнят, за да може паството им да има изобилен живот чрез тези дела.

1 Коринтяни 4:20 гласи: „Защото Божието царство не се състои в думи, а в сила." Ако проповедниците учат своето паство само с познание или формалности, това означава, че те са слепи хора, които ръководят други слепи хора. Проповедниците трябва да учат паството си на точната истина и да позволят на хората да изпитат доказателството за живия Бог, като изпълняват делата на Светия дух.

Днешната епоха се счита за „Ерата на Светия дух". Под ръководството на Светия дух, ние получаваме изобилните благословии и благоволението на Триединния Бог, който култивира човешките създания.

Йоан 14:16-17 гласи: „И Аз ще поискам от Отца, и Той ще ви даде друг Утешител, за да пребъдва с вас до века. Духът на истината, когото светът не може да приеме, защото го не вижда нито го познава. Вие го познавате, защото той пребъдва във вас, и във вас ще бъде."

След като Господ изпълнил духовенството за човешкото спасение, възкръснал и се възнесъл на Небето, Светият дух Го последвал в духовенството за човешкото спасение. Светият дух е с всеки вярващ, който приема Господ и ръководи тези вярващи към истината, като обитава в сърцето на всеки вярващ.

Освен това, тъй като в днешно време греховете преобладават и тъмнината все повече обхваща света, Бог разкрива Себе Си на онези, които Го търсят от сърце и им дава огнените дела на Светия дух. Надявам се да станете истински деца на Бог в делата на Бащата, Сина и Светия дух, за да получите всичко, което искате в молитвите и да постигнете пълно спасение.

Примери от Библията 1

Неща, които се случват,
когато вратата на второто
царство се отваря в първото царство.

Първото небе е физическото пространство, в което живеем.

На второто небе се намира областта на светлината, Рая и областта на тъмнината.

На третото небе е небесното царство, където ще живеем завинаги.

Четвъртото небе е пространството на първоначалния Бог, което е изключително за Триединния Бог.

Тези „небеса" са строго отделени, но са „близо" помежду си.

Когато е необходимо, вратата на второто небе се отваря в пространството на първото небе, където живеем сега.

Понякога пространството на третото или на четвъртото небе също може да се отвори.

Можем да намерим много събития, при които нещата от второто небе са се случили на първото небе.

Когато вратата на второто небе се отвори и предметите от Райската градина излязат навън в пространството на първото небе, хората, които живеят в първото небе, могат да докоснат и да видят тези предмети.

Осъждане с огън върху Содом и Гомор

Битие 19:24 гласи: „Тогава ГОСПОД изля върху Содом и Гомор сяра и огън от ГОСПОДА от небето." Тук „ГОСПОДА от небето" означава, че Бог отворил вратата на пространството на второто небе и излял сяра и огън от там.

Същото било на планината Кармел, когато Елисей се противопоставил на 850 свещеника на нееврейските богове, като отговорил с огън. В 1 Царе 18:37-38 е написано: „Послушай ме, ГОСПОДИ, послушай ме, за да познаят тия люде, че Ти, ГОСПОДИ, си Бог, и че Ти си възвърнал сърцата им надире. Тогава огън от ГОСПОДА падна та изгори всеизгарянето, дървата, камъните и пръстта, и облиза водата, която бе в окопа." Огънят на второто небе може действително да изгори предметите от първото небе.

Звездата, която ръководила тримата мъдреци

Матей 2:9 гласи: „А те, като изслушаха царя, тръгнаха си; и, ето, звездата, която бяха видели на изток, вървеше пред тях, докато дойде и спря над мястото гдето беше детето." Появила се звезда от второто небе, която се спряла за малко. Когато мъдреците стигнали дестинацията, звездата спряла там.

Ако тази звезда беше звезда на първото небе, тя щеше да има огромно влияние върху вселената, защото всички звезди от първото небе се движат по своя собствен път по много подреден начин. Ето защо разбираме, че звездата, която ръководила тримата мъдреци, не била от първото небе.

Бог преместил една звезда във второто небе, за да няма каквото и да е влияние върху вселената на първото небе. Бог отворил пространството на второто небе, за да могат мъдреците да видят звездата.

Манна, отдадена на синовете на Израел

Изход 16:4 гласи: „Тогава рече ГОСПОД на Моисея: Ето, ще ви наваля хляб от небето; и ще излизат людете всеки ден да събират колкото им трябва за деня, за да ги опитам, ще ходят ли по закона Ми, или не."

Както казал, че Той щял „да навали хляб от небето", Бог отдал манна на синовете на Израел, докато се скитали в пустинята в продължение на 40 години. Манната била като кориандрово семе и на външен вид наподобявала бделий. Вкусът й бил като вкуса на сладкишите, изпечени с масло. Както бе обяснено по-горе, в Библията има много записи за събития, които се случили, когато вратата на пространството на второто небе се отворила в първото небе.

Глава 4 Справедливост

> Можем да разрешим всякакъв вид проблем и да имаме благословии и отговори на молитвите, когато разбираме правилно справедливостта на Бога и действаме според нея.

Божията справедливост

Бог спазва винаги Неговата справедливост

Действия според законите на справедливостта на Бог

Две страни на справедливостта

По-големи измерения на справедливостта

Вяра и подчинение - основните правила на справедливостта

„И ще направи да се яви правдата ти като светлината, и съдът ти като пладне."

(Псалми 37:6)

Има проблеми, които не могат да бъдат разрешени чрез никакъв човешки метод, но могат да изчезнат веднага, ако Бог го поиска в сърцето Си.

Например, определени задачи по математика, които са много трудни за разрешаване в основното училище, не представляват трудност за учениците в колеж. По същия начин, няма нищо невъзможно за Бог, защото Той е Управителят на всички небеса.

За да изпитаме силата на всемогъщия Бог, трябва да познаваме и да практикуваме начините за получаване на отговори от Него. Ще разрешим всякакъв проблем и ще получим отговори и благословии, когато разберем правилно Божията справедливост и действаме според нея.

Божията справедливост

Справедливостта се отнася за правилата, установени от Бога и правилното им изпълнение. С по-прости думи, това е като правилото за „причина и ефект". Има правила, според които определени причини водят до определени резултати.

Дори невярващите казват, че ще пожънем това, което сме посели. Една корейска поговорка гласи: „Ще пожънете боб, когато посадите бобени семена и ще пожънете червен боб, когато пожънете семена от червен боб." Тъй като има правила като тези, правилата на справедливостта са много по-стриктни в истината на Бог.

Библията гласи: „Искайте, и ще ви се даде; търсете, и ще намерите; хлопайте, и ще ви се отвори" (Матей 7:7). „Недейте се лъга; Бог не е за подиграване: понеже каквото посее човек, това ще и да пожъне." (Галатяни 6:7). „А това казвам, че който сее оскъдно, оскъдно ще и да пожъне; а който сее щедро, щедро ще и да пожъне." (2 Коринтяни 9:6).

Има само няколко примера на правилата на справедливостта.

Има също и правила за последствията от греховете. Римляни 6:23 гласи: „Защото заплатата на греха е смърт; а Божият дар е вечен живот в Христа Исуса, нашия Господ." Притчи 16:18 гласи: „Гордостта предшествува погибелта, и високоумието - падането." Яков 1:15 гласи: „И тогава страстта зачева и ражда грях, а грехът, като се развие напълно ражда смърт."

Освен тези правила, има също правила, които невярващите не разбират. Например, Матей 23:11 гласи: „А по-големият между вас нека ви бъде служител." Матей 10:39 гласи: „Който намери живота си, ще го изгуби; и който изгуби живота си, заради Мене, ще го намери." Последната част на Деяния 20:35 гласи: „По-блажено е да дава човек, отколкото да приема." Освен че не ги разбират, невярващите мислят, че тези правила са погрешни.

Божието слово обаче не е погрешно и никога не се променя. Истината, за която светът говори, се променя с времето, но Божието слово, записано в Библията, по-конкретно правилата на справедливостта, се изпълнява, както е записано.

Следователно, ако сме способни да разберем справедливостта на Бог, ще намерим причините, когато има проблем и ще го разрешим. По подобен начин ще изпълним също желанията на нашето сърце. Библията обяснява причините, заради които се разболяваме, защо страдаме от финансови проблеми, защо няма мир в нашето семейство или защо загубваме Божието благоволение и съгрешаваме.

Ако разберем правилата на справедливостта, записани в Библията, ще получим благословии и отговори на нашите молитви. Бог съхранява вярно всички установени от Него правила и следователно, ако просто действаме според тях, определено ще получим благословии и разрешения на проблемите.

Бог съхранява Неговата справедливост

Бог е създателят и Управителят на всички неща и въпреки това не нарушава никога правилата на справедливостта. Той никога не казва: „Аз направих тези правила, но не е нужно да ги спазвам", а работи за всичко точно според справедливостта, без никаква грешка.

Синът на Бога, Исус, дошъл на тази земя и умрял на кръста, за да ни изкупи от всички грехове в съответствие с правилата на справедливостта.

Някой може да каже: „Защо Бог не може просто да унищожи злото и да спаси всички?" Той никога няма да направи това. Той установил правила на справедливостта, докато правел плана за човешката култивация в началото и ги запазва, както са. Ето защо направил такова голямо пожертвуване, като дал дори Своя единствен роден Син, за да открие пътя на спасението за нас.

Следователно, няма да бъдем спасени и да отидем на Небето просто като се изповядаме, „Аз вярвам!" с нашите устни и отиваме на църква. Ние трябва да спазваме границите за спасение, които са установени от Бог. За да бъдем спасени, трябва да вярваме в Исус Христос като наш личен Спасител и да се подчиняваме на Божието слово, като живеем според правилата на справедливостта.

Освен този въпрос за спасението, много места в Библията ни обясняват справедливостта на Бог, който изпълнява всичко точно според закона на духовното царство. Ако разберем тази справедливост, ще бъде много лесно за нас да разрешим проблемите с нашите грехове. Това ще улесни също получаването на благословии и отговори на нашите молитви. Например, какво трябва да направите, ако искате да изпълните желанията на Вашите сърца?

Псалми 37:4 гласи: „Весели се, тъй също, в Господа; и Той ще ти даде попросеното от сърцето ти." За да бъдете способни да се радвате на Бога, първо трябва да Го удовлетворите. В Библията има много места, в които са посочени начини за удовлетворяване на Бог.

Първата част на Евреи 11:6 гласи: „А без вяра не е възможно да се угоди Богу." Ще удовлетворим Бога според степента, в която вярваме в Божието слово, отхвърлим греховете и станем святи. Също така, ще удовлетворим Бог с нашите усилия и приношения като Цар Соломон, който направил хиляда пожертвувания. Можем също да извършваме доброволни работи за Божието царство. Може да има много други начини.

Следователно, трябва да разберем, че четенето на Библията и слушането на проповеди е един от начините за научаване на правилата на справедливостта. Ако просто следваме тези правила и удовлетворяваме Бог, ще изпълним всички желания на сърцата ни и ще възхваляваме Бог.

Действие според правилата на справедливостта на Бог

Откакто приех Господ и осъзнах справедливостта на Бог, беше голямо удоволствие да водя живот с вяра. Тъй като действах според правилата на справедливостта, аз получих любовта на Бог и финансови благословии.

Също така, Бог казва, че ще ни предпазва от болести и бедствия, ако живеем според Божието слово. Тъй като аз и членовете на моето семейство живеем само с вяра, всички членове на моето семейство са така здрави, че никога не ходим в болница и не вземаме лекарства, откакто приех Господ.

Вярвах в справедливостта на Бог, който ни позволява да пожънем това, което сме посели и изпитвах удоволствие да давам на Бог, макар и да имах беден живот. Някои хора казват: „Толкова съм беден, че нямам какво да дам на Бог." Аз обаче давах по-старателно, защото бях беден.

2 Коринтяни 9:7 гласи: „Всеки да дава според както е решил в сърцето си, без да се скъпи, и не от принуждение; защото Бог обича онзи, който дава на драго сърце." Както казах, никога не отивах пред Бог с празни ръце.

Винаги обичах да давам на Бог с благодарност, макар и да имах малко и скоро получих финансови благословии. Бях способен да давам с радост, защото знаех, че Бог щеше да ми даде притиснат, разстроен и повален и дори 30, 60 или 100 пъти повече от това, което давам за Божието царство с вяра.

В резултат на това, аз изплатих голямата сума на заема, който бях натрупал, докато лежах болен в продължение на седем години и досега съм толкова благословен, че нищо не ми липсва.

Също така, тъй като познавах закона на справедливостта, според който Бог дава Своята сила на онези, които са свободни от зло и са святи, аз продължавах да отхвърлям злото от мислите ми чрез ревностни молитви и пости, и накрая получих Божията сила.

Днешната удивителна сила на Бог е представена, защото постигнах измерението на любовта и справедливостта, което Бог изискваше от мен, докато преминавах през много трудности и изпитания с търпение. Бог не ми даде силата Си безусловно. Той ми я даде, защото спазвах точно правилата на справедливостта. Ето защо врагът дявол и Сатаната не могат да се противопоставят на това.

Освен това, аз вярвах и практикувах всички думи в Библията и изпитах също всички чудотворни дела и благословии, които са записани в нея.

Тези дела не се случват само за мен. Ако някой разбира правилата на справедливостта на Бога, записани в Библията и действа според тях, той може да получи същите видове благословии, които аз получих.

Две страни на справедливостта

Хората обикновено мислят, че справедливостта е нещо страшно, което придружава наказанията. Разбира се, страшните наказания според справедливостта ще следват греховете и злините, но това може също да бъде начинът да получим благословии.

Справедливостта е като двете страни на една монета. За онези, които живеят в тъмнината, тя е нещо страшно, но за онези, които живеят в светлината, тя е нещо много добро. Кухненският нож може да бъде смъртоносно оръжие в ръцете на един крадец, но в ръцете на една майка е инструмент за приготвяне на храната, който й помага да сготви вкусни ястия за семейството.

Следователно, справедливостта на Бог ще бъде много страшна или много щастлива в зависимост от това за кого се прилага. Ако разберем двете страни на справедливостта, ще разберем също, че справедливостта е изпълнена с любов и любовта на Бог също е изпълнена с любов. Любовта без справедливост не е истинска любов и справедливостта без любов също не е истинска справедливост.

Например, какво ще стане, ако наказвате Вашите деца винаги, когато направят нещо погрешно? Или какво ще стане, ако винаги ги оставяте ненаказани? И в двата случая ще направите така, че децата Ви да се отклонят от правия път.

Според справедливостта, понякога трябва да наказвате строго децата си за техните прегрешения, но не трябва винаги просто да им показвате „справедливост". Понякога трябва да им дадете още една възможност и ако те наистина се отклонят от правия път, трябва да покажете опрощение и милост с Вашата любов. Въпреки това, не трябва отново да показвате винаги милост и любов. Трябва да ръководите Вашите деца по правилния път, дори и чрез наказание, ако е необходимо.

Бог ни показва безкрайното опрощение в Матей 18:22, където е написано: „Исус му рече: Не ти казвам: до седем пъти - до седемдесет пъти по седем."

В същото време обаче, Бог казва, че истинската любов понякога е придружена от наказание. Евреи 12:6 гласи: „Защото Господ наказва този, когото люби, и бие всеки син, когото приема." Ако разберем тази взаимовръзка между любовта и справедливостта, ще разберем също, че справедливостта е съвършена в границите на любовта и докато спазваме справедливостта, ще разберем, че в нея се съдържа дълбока любов.

По-високи измерения на справедливостта

Справедливостта има също различни измерения на различните небеса. По-конкретно, когато се издигаме по равнищата на небето, от първото до второто небе, третото и четвъртото небе, измерението на справедливостта също става по-широко и по-дълбоко. Различните небеса поддържат своя ред според справедливостта на всяко небе.

Причината, заради която има разлика в измерението на справедливостта във всяко небе е, че измерението на любовта във всяко небе е различна. Любовта и справедливостта не могат да бъдат отделени. Колкото по-дълбоко е измерението на любовта, толкова по-дълбоко е също измерението на справедливостта.

Възможно е да изглежда от Библията, че справедливостта в Стария завет е различна от тази в Новия завет. Например, Старият завет гласи: „Око за око", което е принципът на отплатата, но в Новия завет е написано: „Обичай враговете си". Принципът на отплатата е заменен с принципа на опрощението и любовта. Означава ли това, че е променена Божията воля?

Не, не означава това. Бог е дух и вечно неизменен, затова сърцето и волята на Бог, съдържащи се в Стария и в Новия завет, са еднакви. В зависимост от степента, в която хората са постигнали любов, същата справедливост ще бъде приложена в различна степен. Преди Исус да дойде на тази земя и да изпълни Закона с любов, нивото на любовта, което хората били способни да разберат, било много ниско.

Ако им беше казано да обичат враговете си, което е много високо ниво на справедливост, те нямаше да могат да го изпълнят. Поради тази причина, в Стария завет е приложено по-ниско ниво на правилото за справедливостта, което било „око за око".

Въпреки това, след като Исус изпълнил закона с любов, като дошъл на тази земя и отдал Неговата любов за нас, грешниците, нивото на справедливост, изисквано от Бога за нас грешниците, било повишено.

От примера с Исус вече видяхме повишаване на нивото на любовта от по-ниско ниво към нивото да обичаме дори враговете ни. Ето защо, вече не е приложим принципът за отплата, който гласи „око за око". Бог сега изисква от нас измерението на справедливостта, в което се прилагат правилата за опрощение и милост. Разбира се, това, което Бог наистина искал, дори по времето на Стария завет, било опрощение и милост, но хората по онова време не били способни действително да го разберат.

Както беше обяснено, по същия начин, по който има различия в измерението на любовта и справедливостта в Стария и Новия завет, измерението на справедливостта е различно, в зависимост от измерението на любовта във всяко небе.

Например, когато видели жената, която била хваната по време на прелюбодейство, хората действали според по-ниското ниво на справедливост на първото небе и казали, че трябвало веднага да я убият с камъни. Въпреки това, Исус, който имал най-високото ниво на справедливост, което е справедливостта на четвъртото небе, й казал: „Нито Аз те осъждам; Иди си. Отсега не съгрешавай вече." (Йоан 8:11).

Следователно, справедливостта е в нашето сърце и всеки човек изпитва различно измерение на справедливостта според степента, в която е изпълнил сърцето си с любов и е култивирал своето сърце с духа. Понякога хората, които притежават по-ниското измерение на справедливостта, не разбират справедливостта на онези, които притежават по-високо измерение на справедливостта.

Така е, защото хората на плътта никога не разбират напълно какво прави Бог. Само онези, които са култивирали своето сърце с любов и духовно съзнание, могат точно да разберат справедливостта на Бог и да я прилагат.

Прилагането на по-високо измерение на справедливостта не означава, че то ще отхвърли или наруши справедливостта на по-ниско измерение. Исус притежавал справедливостта на четвъртото небе, но Той никога не пренебрегнал справедливостта на тази земя. С други думи, Той показал справедливостта на третото небе или по-високо на тази земя в границите на правилата на справедливостта на тази земя.

По подобен начин, не можем да нарушим справедливостта, приложена на първото небе, докато живеем на първото небе. Разбира се, със задълбочаване на измерението на нашата любов, широчината и дълбочината на справедливостта също се повишава, но основното ограничение е същото. Ето защо, трябва да разберем правилно правилата на справедливостта.

Вяра и подчинение - основните правила на справедливостта

Какви са основните ограничения и правила на справедливостта, които трябва да разберем и да следваме, за да получим отговори на нашите молитви? Има много неща, включително добрина и смиреност. Двата най-основни принципа обаче са вяра и подчинение. Според правилото на справедливостта получаваме отговор, когато вярваме в Божието слово и го спазваме.

Един стотник в Матей, глава 8 имал болен слуга. Той бил стотник в управляващата римска империя, но бил достатъчно смирен, за да застане пред Исус. Също така, той имал доброто сърце, за да отиде лично при Исус за своя болен слуга.

Преди всичко, причината, заради която бил в състояние

да получи отговор, била защото имал вяра. Преди да реши да отиде при Исус, той сигурно чул много неща за Исус от хората около него. Той сигурно чул за слепите, които прогледнали, за немите, които проговорили и за много болни хора, които били излекувани от Исус.

Като чул тези новини, стотникът се доверил на Исус и добил вярата, че той също бил способен да изпълни желанието за слугата си, ако отиде при Него.

Когато действително срещнал Исус, той направил изповед с вяра: „Господи, не съм достоен да влезеш под стряхата ми; но кажи само една дума, и слугата ми ще оздравее." (Матей 8:8). Той казал това, защото вярвал изцяло на Исус, като чул новините за него.

За да притежаваме такава вяра, първо трябва да са разкаем за това, че не сме спазвали Божието слово. Трябва да се разкаем, ако сме разочаровали Бог по някакъв начин, ако не сме спазили едно обещание, направено пред Него, ако не сме спазвали свещен Божия ден или не сме плащали редовно десятъци.

Също така, трябва да се разкаем за това, че сме обичали света, че не сме имали мир с хората, че сме се държали лошо, като сме били избухливи, раздразнителни, объркани, изпълнени с негативни чувства, завист, ревност, кавга и лицемерие. Когато разрушим тези стени от грях и получим молитвата на могъщия служител на Бога, ще добием вярата, за да получим отговори и наистина ще се изпълнят молбите ни, когато вярваме според правилата на справедливостта.

В допълнение към тези неща, има много други правила, които трябва да спазваме и да следваме, за да получим нашите отговори, като присъствието на различни религиозни служби, непрестанните молитви и отдаването на Бога. Трябва да отречем себе си напълно, за да бъдем способни да се подчиним.

По-конкретно, трябва да отхвърлим нашата гордост, арогантност, самонадеяност и самоизтъкване, всички наши мисли и теории, гордост от живота и желание да разчитаме на света. Когато напълно се смирим и отречем себе си по този начин, ще получим отговори според закона на справедливостта, записан в Лука 17:33, който гласи: „Който иска да спечели живота си, ще го изгуби; а който го изгуби, ще го опази."

Да разберем справедливостта на Бог и да я спазваме означава да признаем Бог. Когато признаем Бог, ще спазваме правилата, установени от Него. Вярата означава да признаем Бог по този начин, а истинската вяра винаги е придружена от дела на подчинението.

Ако осъзнаете всеки грях, докато разсъждавате върху себе си с Божието слово, трябва да се разкаете и да се откажете от грешния път. Надявам се да вярвате изцяло на Бог и да разчитате на Него. Надявам се по този начин да разберете правилата на справедливостта на Бог едно по едно и да ги спазвате, за да получите отговори и благословии от Бог, който ни позволява да пожънем това, което сме посели и който ни се отплаща според делата ни.

Принцеса Джейн Мпологома (Лондон, Обединено кралство)

На половината разстояние около глобуса

Живея в Бирмингам, който е много красиво място. Аз съм дъщеря на първия президент на царството на Буганда, омъжих се за внимателен, любезен мъж в Обединеното кралство и имам три дъщери.

Много хора биха искали да водят такъв изобилен живот, но аз не бях много щастлива. Винаги изпитвах жажда в душата си, която не можех да утоложа с нищо. Страдах от дълго време от хронично стомашно-чревно разстройство, което ми причиняваше много болки. Не бях в състояние да се храня или да спя добре.

Измъчваха ме също множество болести, включително високо равнище на холестерол, нарушение на сърдечната дейност и ниско кръвно налягане. Лекарите ме предупредиха, че имаше вероятност да получа сърдечна атака или удар.

Въпреки това, през август 2005 г., животът ми се промени. По стечение на обстоятелствата срещнах един от помощник

С нейния съпруг Давид

пасторите на Централната църква Манмин, който посещаваше Лондон. Той ми даде книги и аудиопроповеди, които ме развълнуваха много.

Основаваха се на Библията, но не бях в състояние да чуя такива дълбоки и вдъхновяващи послания никъде другаде. Жадната ми душа беше удовлетворена и духовните ми очи бяха отворени, за да разбера Словото.

Накрая посетих Южна Корея. В момента, в който влязох в Централната църква Манмин, цялото ми тяло бе обхванато от спокойствие. Получих молитва от преп. Джейрок Лий. Едва след като се завърнах в Обединеното кралство, осъзнах любовта на Бог. Резултатите от ендоскопията на 21 октомври бяха нормални. Нивото на холестерол беше нормално и кръвното налягане също беше нормално. Това се дължеше на силата на молитвата!

Преживяването ми позволи да имам по-голяма вяра. Имах проблеми със сърцето и писах на преп. Джейрок Лий, за да се моли за мен. Той се моли за мен по време на една от петъчните целонощни служби в Централната църква Манмин на 11 ноември. Получих молитвата му по Интернет на половината разстояние около глобуса.

Той се моли: „Заповядвам в името на Исус Христос да изчезнат проблемите със сърцето. Господи, направи я здрава!"

Почувствах могъщата работа на Светия дух в момента, в

който получих молитвата. Щях да падна от могъщата сила, ако съпругът ми не ме беше хванал. Дойдох на себе си след около 30 секунди.

Направиха ми ангиография на 16 ноември. Лекарят ми я предложи, защото имах проблем в една от сърдечните артерии. Тя беше направена с малка камера, закрепена върху малка тръба. Резултатът наистина беше удивителен.

Лекарят каза: „Никога не съм виждал толкова здраво сърце в тази стая от няколко години."

Побиха ме тръпки, защото почувствах ръцете на Бога, когато чух думите на моя лекар. От тогава реших да водя различен живот. Исках да говоря на юношите, на пренебрегнатите и на всички, които се нуждаеха от евангелието.

Бог направи така, че сънят ми да се сбъдне. Аз и съпругът ми започнахме църквата Манмин в Лондон като мисионери и проповядваме живия Бог.

Извлечение от Изключителни неща

Глава 5 Подчинение

> Спазването на Божието слово с „Да" и „Амин"
> е краткият път за изпитване на делата на Бог.

Пълното подчинение на Исус

Исус се подчинил на справедливостта на първото небе

Хора, които изпитват делата на Бог чрез подчинение

Подчинението е доказателството за вярата

Централната църква Манмин поема ръководството в световния евангелизъм в подчинение

„И, като се намери в човешки образ, смири Себе Си и стана послушен до смърт, даже смърт на кръст."

(Филипяни 2:8)

Библията показва много примери, когато абсолютно невъзможни неща станали възможни чрез Всемогъщия Бог. Имало такива чудотворни неща, като спирането на слънцето и луната и разделянето на морето на две, когато хората го прекосили по суха земя. Такива неща не могат да се случат според справедливостта на първото небе, но са възможни според справедливостта на третото небе или по-високо.

За да изпитаме такива дела на Бога, трябва да отговаряме на условията. Има няколко условия, които трябва да бъдат изпълнени и подчинението е много важно сред тях. Спазването на Словото на Всемогъщия Бог с „Да" и „Амин" е краткият начин за изпитване на делата на Бог.

1 Царе 15:22 гласи: „И рече Самуил: Всеизгаряниятa и жертвите угодни ли са тъй Господу, както слушането Господния глас? Ето, послушанието е по-приемливо от жертвата, и покорността - от тлъстината на овни?"

Пълното подчинение на Исус

Исус спазвал Божието слово докато бил разпънат на кръста, за да спаси хората, които били грешници. Можем да бъдем спасени с вярата чрез това подчинение на Исус. За да разберем как можем да бъдем спасени чрез вярата ни в Исус, трябва първо да разгледаме как човечеството тръгнало по пътя на смъртта.

Преди да стане грешник, Адам се радвал на вечен живот в Райската градина. Въпреки това, той трябвало да умре и да отиде в Ада, защото съгрешил като ял от дървото, което Бог забранил и според закона на духовното царство, който гласи: „надницата за греха е смърт" (Римляни 6:23).

Знаейки, че Адам нямало да се подчини, дори преди вековете, Бог подготвил Исус Христос. Така трябвало да се открие пътя за спасение според справедливостта на Бог. Исус, който е Словото, което станало плът, бил роден на тази земя в човешко тяло.

Тъй като Бог направил пророчества за Спасителя, Месията, врага дявол и Сатаната, той знаел също за Спасителя. Дяволът винаги търсел възможност да убие Спасителя. Когато тримата мъдреци казали, че Исус бил роден, дяволът подстрекал цар Херод да убие всички момчета под две-годишна възраст.

Също така, дяволът подбуждал злите хора да разпънат на кръст Исус. Дяволът помислил, че ако убие Исус, който слязъл долу, за да стане Спасител, щял да заведе всички грешници в Ада и да държи всички под негов контрол завинаги.

Тъй като Исус нямал нито първороден грях, нито самостоятелно извършени грехове, Той не трябвало да подлежи на смърт според закона за справедливостта, който гласи, че надницата за греха е смърт. Въпреки това, дяволът ръководил убийството на Исус и по този начин нарушил закона за справедливостта.

В резултат на това, безгрешният Исус преодолял смъртта и възкръснал. Ето защо сега всеки, който вярва в Исус Христос, може да бъде спасен и да получи вечен живот. Според закона на справедливостта, гласящ, че надницата на греха е смърт, Адам и неговите потомци трябвало да вървят по пътя на смъртта, но по-късно бил открит пътят за спасението чрез Исус Христос. Това е „тайната, скрита преди вековете" в 1 Коринтяни 2:7.

Исус никога не мислил: „Защо трябва да бъда убит за грешниците, въпреки че нямам грехове?" Той съзнателно поел кръста, за да бъде разпънат според провидението на Бог. Това пълно и цялостно подчинение на Исус открило пътя за нашето спасение.

Исус се подчинил на справедливостта на първото небе

По време на Неговия живот на тази земя, Исус спазвал изцяло Божията воля и живял според закона на справедливостта на първото небе. Тъй като бил Бог по своята същност, Той приел човешко тяло и изпитвал глад умора, болка, скръб и самота точно като хората.

Преди да започне Неговото публично духовенство, Той постил в продължение на 40 дни. Въпреки че е господар на всички неща, Той се молил страстно и постоянно. Исус бил подложен три пъти на изпитания от дявола към края на Неговите 40-дневни пости и прогонил дявола с Божието слово, без да се изкуши или отклони изобщо.

Също така, Исус имал Божията сила и бил способен да покаже всякакъв вид чудеса и удивителни неща. Той показал такива чудеса, само когато били необходими според Божието провидение. Представил силата на Сина на Бога чрез такива събития, като превърнал водата във вино и нахранил 5,000 души с пет самуна хляб и две риби.

Той бил в състояние да унищожи онези, които Му се подигравали и Го разпънали на кръст. Въпреки това, спокойно приел преследването и презрението и с подчинение бил разпънат на кръста. Изпитал всички страдания и болки като човек и пролял Своята кръв и вода.

Евреи 5:8-9 гласи: „Ако и да беше Син, пак се научи на послушание от това, което пострада, и като се усъвършенствува, стана причина за вечно спасение за всички, които Му са послушни."

Тъй като Исус изпълнил закона на справедливостта чрез Неговото пълно подчинение, всеки, който приеме Исус Христос и живее в истината, може да стане праведен служител и да постигне спасение, без да е необходимо да върви по пътя на смъртта, като порочните служители (Римляни 6:16).

Хора, които изпитват делата на Бога чрез подчинение

Въпреки че е Син на Бога, Исус изпълнил провидението на Бог, защото се подчинил изцяло. Колко повече трябва да се подчиним ние - простите творения, за да изпитаме напълно делата на Бог? Изисква се пълно подчинение.

В Йоан, глава 2, Исус направил чудо, като превърнал водата във вино. Когато останали без вино за банкета, Дева Мария изрично инструктирала служителите да направят всичко, което им каже Исус. Исус казал на служителите да напълнят делвите с вода и да ги занесат на настойника на угощението. Когато настойникът на угощението вкусил от водата, тя вече била превърната във вино.

Ако служителите не се бяха подчинили на Исус, който им казал да занесат водата на настойника на угощението, те нямаше да изпитат чудото на виното. Дева Мария познавала много добре закона за подчинението и справедливостта и поискала от служителите да Му се подчинят.

Трябва да вземем предвид също подчинението на Симон. Симон не уловил никаква риба през цялата нощ. Въпреки това, когато Исус заповядал: „Оттегли ладията към дълбокото и хвърлете мрежите за ловитба", Симон покорно отговорил: „Учителю, цяла нощ се трудихме, и нищо не уловихме; но по Твоята дума ще хвърля мрежите." Тогава уловили толкова много риба, че мрежите им се скъсали (Лука 5:4-6).

Исус, който бил едно със Създателя Бог, говорил с оригиналния глас, затова голям брой риби се подчинили веднага на Неговата заповед и отишли в мрежата. Какво щяло да се случи, ако Симон не се беше подчинил на заповедта на Исус? Нямаше да се случи чудо, ако той беше казал: „Господине, аз разбирам от риболов повече от Вас. Цяла нощ се опитвахме да уловим риба и сега сме много изморени. Приключихме за днес. Ще се изморим много, ако ходим на дълбокото, за да хвърлим мрежите."

Една вдовица от Сарепта в 3 Царе Глава 17 също изпитала делото на Бог чрез нейното подчинение. След дълга суша, храната й свършвала и тя имала само малко брашно и масло. Един ден Илия отишъл при нея и я помолил за храна с думите: „Защото така казва Господ Израилтянският Бог: Делвата с брашното няма да се изпразни, нито стомната с маслото ще намалее, до деня, когато Господ даде дъжд на земята." (3 Царе 17:14).

Вдовицата и нейният син щели да умрат от глад. Въпреки това, тя вярвала и се подчинила на Божието слово, което й било предадено от Илия. Дала цялата си храна на Илия. Ето защо, Бог направил чудо за покорната жена, както обещал. Делвата с брашното не се изпразнила и стомната с маслото не намаляла до края на голямата суша. Вдовицата, нейният син и Илия били спасени.

Подчинението е доказателството за истината

Марко 9:23 гласи: „А Исус му рече: „Ако можеш повярва!" Всичко е възможно за този, който вярва."

Това е законът на справедливостта, който гласи, че ако вярваме, ще изпитаме делата на Всемогъщия Бог. Ако се молим с вяра, болестта ще ни напусне и ако заповядваме с вяра, демоните ще излязат и ще изчезнат всички трудности и изпитания. Ако се молим с вяра, ще получим финансови благословии. Всички неща са възможни с вяра!

Делото на подчинението свидетелства, че имаме вярата, за да получим отговори според закона на справедливостта. Яков 2:22 гласи: „Ти виждаш, че вярата действуваше заедно с делата му, и че от делата се усъвършенствува вярата." Яков 2:26 гласи: „Защото, както тялото отделено от духа е мъртво, така и вярата отделена от дела е мъртва."

Илия помолил вдовицата от Сарепта да му донесе последната си храна. Тя нямаше да изпита никакво дело на Бога, ако беше казала: „Мисля, че си човек на Бога и вярвам, че Бог ще ме благослови и храната ми никога няма да свърши" и не се беше подчинила. Така е, защото делата й нямаше да покажат доказателството за нейната вяра.

Вдовицата обаче вярвала на думите на Илия. В доказателство на нейната вяра, тя му занесла последната си храна, като се подчинила на думите му. Това дело на подчинението свидетелствало за нейната вяра и се случило чудо според закона за справедливостта, според който всички неща са възможни за този, който вярва.

Нашата вяра и подчинението ни са много важни, за да постигнем визиите и мечтите, отдадени от Бога. Патриарси като Авраам, Яков и Йосиф, запомнили Божието слово и се подчинили.

Когато Йосиф бил млад, Бог му дал сън, че станал почтен човек. Йосиф не само вярвал в съня, но го помнел винаги и не променил решението си, докато не го изпълнил. Той гледал Божието дело във всякакви обстоятелства и следвал Божието ръководство.

Като роб и затворник в продължение на 13 години, той не се усъмнил в съня, който Бог му дал, въпреки че действителността изглеждала противно на неговите сънища. Той просто вярвал по правилния път, като изпълнявал Божите заповеди. Бог видял неговата вяра и подчинение и изпълнил съня му. Всички изпитания завършили и на 30-годишна възраст, той станал вторият най-могъщ човек в целия Египет, след Фараона, царя.

Централната църква Манмин поема покорно ръководството в световния евангелизъм

Централната църква Манмин днес има повече от десет хиляди клона/асоциирани църкви в света и проповядва евангелието на всяко кътче от света по Интернет, сателитната телевизия и други средства. Църквата показа делата на подчинението в съответствие със закона на справедливостта от началото на всички тези духовенства до днес.

От момента, в който срещнах Бог, всички мои болести бяха излекувани и мечтата ми беше да стана добър ръководител в очите на Бога, който да Го възхвалява и да помага на много бедни хора. Един ден обаче, Бог ме призова като Негов служител с думите: „Избрах те като Мой служител преди вековете." Той ми каза, че ако се въоръжа с Божието слово в продължение на три години, ще прекося океани, реки и планини, и ще изпълня чудотворни знамения навсякъде, където отивам.

В действителност, все още бях сравнително нов вярващ. Бях интровертен и ми беше трудно да говоря пред много хора. Въпреки това, аз го спазвах без извинения и станах служител на Бога. Направих всичко възможно, за да спазвам Божието слово в 66-те книги на Библията и се молих с пости с ръководството на Светия дух. Подчини се точно така, както заповяда Бог.

Когато имах мащабни мисии в чужбина, аз не ги планирах или подготвях, а просто се подчинявах с Божията заповед.

Отивах само там, където Той ми заповядваше да отида. Организирането на мащабни мисии отнемаше години, но ако Бог заповядваше, ние ги подготвяхме само за няколко месеца.

Макар и да нямахме достатъчно средства за провеждането на тези мащабни мисии, ако се молехме, Бог осигуряваше винаги нашите финанси. Понякога Бог ми заповядваше да отида в онези държави, където проповядването на евангелието в действителност не беше възможно.

През 2002 г., докато подготвяхме мисия в Ченай, Индия, правителството на Тамил Наду съобщи новите разпоредби, забраняващи принудителни приемания на друга вяра. Наредбите гласяха, че никой човек не трябваше да променя или да се опитва да промени вярата на друг човек чрез използването на сила, чрез примамка или чрез други измамни средства. Нарушението щеше да доведе до пет години затвор и глоба, ако принуденият да промени вярата си бе „непълнолетен, жена или лице, принадлежащо на каста или племе". Глобата бе 100,000 рупии, което се равнява на две хиляди дневни надници.

Мисията ни в Marina Beach беше предназначена не само за индийски християни, но и за много индуси, които съставляват повече от 80 % от цялото население.

Постановлението за забрана на принудителната промяна на вярата трябваше да влезе в сила в началото на първия ден от нашата мисия. Ето защо, трябваше да се подготвя за затвора, когато проповядвах евангелието на сцената на мисията. Някои хора ми казаха, че полицията на Тамил Наду щеше да дойде и да гледа мисията, за да запише моето проповядване.

В тази заплашителна ситуация, индийските духовници и организационният комитет се чувстваха напрегнати и притеснени. Въпреки това, аз се окуражих и се подчиних на Бог, защото Той заповяда това. Не се страхувах да ме арестуват и да отида в затвора и смело провъзгласих Създателя Бог и Спасителя Исус Христос.

Бог тогава изпълни удивителни неща. Докато проповядвах, казах: „Ако изпитвате вяра в сърцето си, станете и ходете." В този момент, едно момче се изправи и проходи. Преди да дойде на мисията, това момче бе претърпяло операция на счупена бедрена става и двете части бяха съединени с метална плоча. Той изпитваше голяма болка след операцията и не беше в състояние да върви без патерици. Въпреки това, когато заповядах: „Стани и ходи", той веднага хвърли патериците и започна да върви.

В този ден се случиха много удивителни дела на Божията сила в допълнение към това чудо с младото момче. Слепите прогледнаха, глухите започнаха да чуват и немите проговориха. Те станаха от инвалидните столове и захвърлиха своите патерици. Новините бързо се разпространиха в града и на следващия ден дойдоха много хора.

На събранията присъстваха общо три милиона хора и по-изненадващото е, че повече от 60% от тях бяха индуси. Те имаха означенията на индуси на челата си. След като чуха посланието и свидетелстваха за могъщите дела на Бога, отстраниха знаците и решиха да станат християни.

Мисията обединени местните християни и накрая постановлението срещу принудителната промяна на вярата бе отменено. Тази чудесна работа бе извършена чрез подчинението на Словото на живота. Какво трябва да спазваме сега, за да изпитаме такива удивителни дела на Бога?

Първо, трябва да се подчиняваме на 66-те книги на Библията.

Не трябва да се подчиняваме на Божието слово, само когато Самият Бог се явява пред нас и ни казва нещо. Трябва винаги да се подчиняваме на словото, което е записано в 66-те книги на Библията. Трябва да разберем Божията воля и да я спазваме чрез Библията, за да изпълним посланията, проповядвани в църквата. По-конкретно, думите, които ни казват какво да правим, да не правим, да запазим или да отхвърлим, са правилата на справедливостта на Бог и затова трябва да ги спазваме.

Например, Вие чувате, че трябва да се разкаете за Вашите грехове със сълзи. Законът гласи, че ще получим отговор от Бог едва след като унищожим стената от грях, издигната между Бог и нас (Исая 59:1-2). Също така, Вие чувате, че трябва да викате в молитвата. Това е начинът, по който трябва да се молите, за да получите отговори според закона, който гласи, че ние се храним с плода на нашата пот и тежка работа (Лука 22:44).

За да срещнем Бог и да получим Неговите отговори, първо трябва да се покаем за нашите грехове и да викаме в молитвата, като молим Бог за това, от което се нуждаем. Ако човек разруши своята стена от грях, моли се с пълни сили и показва дела на вярата, може да срещне Бог и да получи отговори. Това е законът на справедливостта.

На второ място, трябва да вярваме и да се подчиняваме на думите на Божите служители, с които е Бог.

Непосредствено след откриването на църквата, един пациент с рак бе доведен на носилка, за да присъства на религиозната служба. Казах му да седне, за да присъства на службата. Съпругата му го подкрепяше и той едвам можеше да остане седнал по време на службата. Знаех, че за него беше много трудно да стои седнал, защото бе много болен и трябваше да бъде носен на носилка. Въпреки това, аз го посъветвах с вдъхновението на Светия дух и той се подчини.

Виждайки неговото подчинение, Бог веднага му даде божествено изцеление. По-конкретно, всичките му болки изчезнаха и той се изправи и проходи сам.

Така, както вдовицата от Сарепта се подчинила на словото на Илия, като се доверила на един човек на Бога, подчинението на този човек стана начинът, по който Бог му отговори. Той не бе в състояние да се излекува със собствената си вяра. Въпреки това, изпита изцерителната сила на Бог, защото се подчини на словото на Божия човек, който изпълнил Божията сила.

На трето място, трябва да се подчиняваме на делата на Светия дух.

На следващо място, за да получим отговори от Бога, трябва веднага да следваме гласа на Светия дух, отдаден, докато се молим и слушаме проповедите. Така е, защото Светият дух, обитаващ в нас, ни ръководи по пътя на благословиите и отговорите според закона на справедливостта.

Например, Вие трябва просто да се подчините, ако Светият дух Ви призовава по време на проповедта да се молите повече след службата. Ако се подчините, ще бъдете способни да се разкаете за Вашите грехове, които не са били простени от дълго време или да получите дарението на езика в Божието милосърдие. Някои благословии понякога идват по време на Вашите молитви.

Когато бях нов вярващ, трябваше да извършвам тежка работа на строителни обекти, за да преживявам. Прибирах се пеша, въпреки умората, за да спестя парите за билет. Въпреки това, ако Светият дух разчустваше сърцето ми, за да предложа определена сума за изграждането на църквата или за благодарствено приношение, аз просто се подчинявах.

Давах без да разсъждавам. Ако нямах пари, давах обет да даря на Бога до определена дата. След това събирах парите с максимални усилия до определената дата и ги давах на Бог. Тъй като се подчинявах, Бог ме благословеше повече и повече с неща, които беше подготвил.

Бог вижда нашето подчинение и отваря вратата на отговорите и благословиите. За мен лично, Той даде различни големи и малки отговори на всичко, което исках и не само финансови неща. Той ми даваше всичко, което исках, ако просто се подчинявах с вяра.

2 Коринтяни 1:19-20 гласи: „Защото Божият Син, Исус Христос, който биде проповядван помежду ви от нас, (от мене, Сила и Тимотея), не стана Да и Не но в него стана Да; Понеже в Него е Да за всичките Божии обещания, колкото много и да са; за това и чрез Него е Амин, за Божията слава чрез нас."

За да изпитаме делата на Бога според закона на справедливостта, трябва да покажем делата на вярата чрез нашето подчинение. Така, както Исус дал пример, ако просто се подчиняваме, независимо от нашите обстоятелства или условия, Божите дела ще се разкрият пред нас величествено. Надявам се всички вие да спазвате Божието слово само с „Да" и „Амин" и да изпитате делата на Бог в ежедневния си живот.

Dr. Paul Ravindran Ponraj (Ченай, Индия)

- Старши сътрудник, Сърдечна и гръдна хирургия в болницата Саутхамптън в Обединеното кралство
- Завеждащ Сърдечна и гръдна хирургия в болницата Сейнт Джордж, Лондон, Обединеното кралство.
- Старши завеждащ Сърдечна и гръдна хирургия в болницата HAREFIELD, Мидълсекс, Обединеното кралство
- Сърдечна и гръдна хирургия в болницата Willingdon, Ченай

Божията сила превишава лекарствата

Използвах миропомазаната кърпичка на много болни пациенти и видях тяхното възстановяване. Винаги пазя кърпичката в джоба на моята риза, когато работя в операционната. Бих искал да разкажа едно чудо, което се случи през 2005 г.

Един млад мъж на 42 г.; строителен предприемач по професия от един от градовете от Тамил Наду, дойде при мен с коронарна артериална болест и трябваше да претърпи операция за аортокоронарен байпас. Подготвих го за операция и бе опериран. Това беше много проста операция за поставяне на двоен байпас, извършена на биещо сърце. Операцията завърши след около два и половина часа.

След затваряне на гръдния му кош, състоянието му стана нестабилно с абнормна ЕКГ и понижаване на кръвното налягане. Отворих отново гръдния му кош и установих, че байпасът беше поставен перфектно. Той беше преместен в лабораторията за катетеризация за ангиограмна проверка. Установено беше, че всички кръвоносни съдове в сърцето и големите кръвоносни съдове в крака му бяха изпаднали в спазъм без кръвообращение. Дори и днес не знаем причината за това.

Нямаше надежда за този млад човек. Заведоха го в операционната с външен масаж на сърцето и отвориха отново гръдния му кош, за да масажират сърцето директно в продължение на 20 минути. Включиха го към машина сърце-бял дроб.

Дадоха му множество лекарства за разширяване на кръвоносните съдове, за да облекчат спазъма, но нямаше отговор. Той поддържаше средно кръвно налягане с помпа от 25 до 30 mmHg. за повече от 7 часа и аз знаех, че доставянето на кръв и кислород с това налягане беше недостатъчна за функционирането на неговия мозък.

В края на 18-часова борба и 7 часа сърце-помпа без положителен отговор, решихме да затворим гръдния кош и да обявим пациента за мъртъв. Паднах на колене и се молих. Казах: „Господи, ако това е, което искаш, нека да бъде така." Започнах операцията с молитва, винаги носех в джоба ми миропомазаната кърпичка,

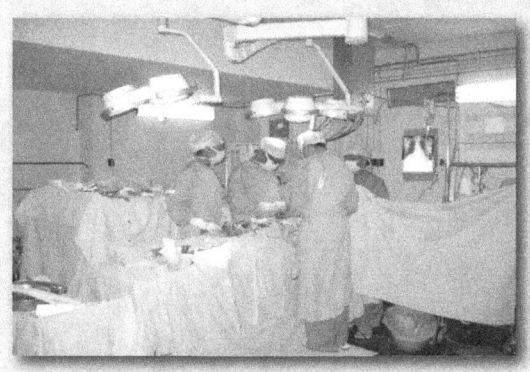

Dr. Paul Ponraj, извършващ операция (в центъра)

дадена от д-р Джейрок Лий 19:12 и си спомних написаното в Деяния 19:12. Изправих се след молитвата и отидох в операционната зала, където гръдният кош бе затворен преди пациентът да бъде обявен за мъртъв.

Получи се внезапна промяна и пациентът стана напълно нормален. ЕКГ стана напълно нормална. Целият екип бе шокиран и един член на екипа, който не бе вярващ, каза, че Бога, в който съм вярвал, ме е уважил. Да, вярно е, че когато вървите с вяра, Вие сте по средата на едно чудо и в края на едно бедствие. Този млад човек излезе от болницата без неврологично увреждане, освен малко подуване на десния крак. Той свидетелства в стаята за молитви, че искаше да извършва Божия работа, защото бе получил втори живот.

Извлечение от Изключителни неща

Глава 6 Вяра

> Ако имаме пълна вяра,
> можем да предизвикаме Божията сила
> дори в ситуации, които са привидно невъзможни.

Едно искрено сърце и пълна вяра

Връзката между вяра и искреност

Поискайте с пълна вяра

от Авраам с искрено сърце и пълна вяра

за култивиране на искрено сърце и пълна вяра

Изпитания на вярата

Мисия в Пакистан

„ ... нека пристъпваме с искрено сърце в пълна вяра, със сърца очистени от лукава съвест и с тяло измито в чиста вода."

(Евреи 10:22)

Хората получават отговори от Бог в различна степен. Някои получават отговора след като се молят за него само веднъж или просто като го пожелаят в сърцето си, докато други трябва да посветят много дни на молитви и пости. Някои хора изпълняват знамения, като контролират силата на тъмнината и лекуват болните чрез молитва на вярата (Марко 16:17-18). От друга страна, някои хора казват, че се молят с вяра, но с молитвите им не се случват знамения или чудеса.

Ако някой страда от една болест, макар и да вярва в Бог и да се моли, той трябва да разсъждава върху вярата си. Думите в Библията са истината, която никога не се променя и затова, ако човек вярва, че притежава вярата, за да бъде разпознат от Бог, може да получи всичко, което иска. Исус ни обещава в Матей 21:22: „И всичко, каквото и да поискате в молитва, като вярвате, ще получите." Каква е причината хората да получават отговор от Бог в различна степен?

Искрено сърце и пълна вяра

Евреи 10:22 гласи: „нека пристъпваме с искрено сърце в пълна вяра, със сърца очистени от лукава съвест и с тяло измито в чиста вода." Искреното сърце тук означава истинското сърце, в което няма лицемерие. Това е сърцето, което наподобява сърцето на Исус Христос.

Просто казано, истинската вяра е съвършената вяра. Това означава да вярваме без да се усъмняваме на 66-те книги в Библията и да спазваме всички заповеди на Бога. Според степента, в която притежаваме искрено сърце, можем да имаме съвършена вяра. Изповедта на онези, които са постигнали истинско сърце, е истинската изповед на вярата. Бог отговаря бързо на молитвата на тези хора.

Много хора изповядват своята вяра пред Бога, но искреността в техните изповеди е напълно различна. Изповедите на някои хора са 100% верни, защото сърцата им са 100% искрени, докато изповедите на вяра на други хора са само 50% верни, защото сърцата им са само 50% искрени. Ако сърцето на един човек е 50% искрено, Бог ще каже: „Ти ми вярваш само на половина." Искреността, която се съдържа в изповедта на вярата на един човек, е мярката на вярата на един човек, признат от Бога.

Връзката между вярата и искреността

В нашите отношения с другите, да претендираме, че вярваме на другия човек и действителната степен, според която му вярваме, може да са много различни. Например, когато майките излизат навън и оставят малките си деца у дома, какво казват те? Те могат да кажат: „Трябва да се държите добре и да останете вкъщи. Деца, имам Ви доверие." Вярва ли майката наистина на нейните деца?

Ако майката наистина вярва на нейното дете, не е нужно да казва: „Вярвам ти". Тя може просто да каже: „Ще се върна след толкова и толкова време." Тя обаче добавя малко повече, когато не може да вярва на детето си. Тя може да добави: „Току по почистих, затова поддържай чисто. Не пипай козметиката и не включвай котлона." Тя изброява едно по едно всички неща, за които е неспокойна и преди да излезе, казва на детето си: „Вярвам ти, затова ме послушай."

Ако детето заслужава още по-малко доверие, дори и да му каже какво да прави, тя може да се обади вкъщи и да провери какво прави детето. Тя пита: „Какво правиш сега? Всичко наред ли е?" и се опитва да разбере какво прави детето й. Тя казва, че вярва на детето си, но в сърцето си знае, че не може да му се довери изцяло. Родителите имат различна степен на вяра към своите деца.

Можете да вярвате на някои деца повече, отколкото на други, според това колко са искрени и заслужаващи доверие. Ако те слушат винаги родителите си, може да им се вярва 100%. Когато тези родители казват: „Вярвам ти", това обикновено е вярно.

Искайте с пълна вяра

Ако поиска нещо едно дете, на което родителите вярват напълно, те могат просто да му дадат това, което иска. Те не трябва да го питат: „Какво ще правиш с това?", „Наистина ли се нуждаеш от това сега?" и т.н. Те могат просто да му дадат това, което иска, мислейки: „Той иска това, защото наистина е необходимо. Няма да похаби нищо."

Ако родителите нямат пълно доверие, те ще изпълнят молбата само когато разберат истинската причина за молбата на тяхното дете. Колкото по-малко доверие имат, по-малко могат да повярват в това, което казва детето им и се колебаят да му дадат това, което иска. Ако детето продължава да настоява отново и отново, родителите понякога просто му го дават, но не защото вярват в него, а защото го иска много.

Този принцип действа по същия начин между Бога и нас. Имате ли искреното сърце, за да може Бог да Ви признае 100% с думите: „Мой син, Моя дъщеря, вярваш ли Ми наистина?"

Ние не трябва да сме тези, които получават от Бог, само защото искаме толкова много ден и нощ. Трябва да бъдем в състояние да получим всичко, което искаме, като вървим в истината във всички неща и нямаме нищо, за което да бъдем осъдени (1 Йоаново 3:21-22).

Авраам с искрено сърце и пълна вяра

Причината, поради която Авраам станал баща на вярата е, че имал истинско сърце и пълна вяра. Авраам вярвал в обещанието на Бог и никога не се усъмнил в нито една ситуация.

Бог обещал на Авраам, когато бил на 75 години, да създаде велика нация чрез него. Въпреки това, повече от 20 години след това, той не се сдобил с нито едно дете. Когато бил на 99 и жена му Сара на 89 и били прекалено възрастни, за да имат дете, Бог казал, че щели да се сдобият с дете след година. Римляни 4:19-22 обяснява ситуацията.

Написано е: „Без да отслабне във вяра, той вземаше пред вид, че тялото му е вече замъртвяло, като бе на около сто години, вземаше пред вид и мъртвостта на Сарината утроба, обаче, относно Божието обещание не се усъмни чрез неверие, но се закрепи във вяра, и даде Богу слава, уверен, че това, което е обещал Бог, Той е силен да го изпълни. Затова му се вмени за правда."

Въпреки че било нещо абсолютно невъзможно с човешки способности, Авраам никога не се усъмнил, а повярвал изцяло в Божието обещание и Бог признал вярата му. Бог му позволил да има син, Исаак, на следващата година, както Той обещал.

Въпреки това, за да стане баща на вярата, за Авраам оставало още едно изпитание. Авраам се сдобил с Исаак на 100-годишна възраст и Исаак пораснал добре. Авраам обичал много своя син. По това време, Бог заповядал на Авраам да предложи Исаак като приношение на всеизгаряне по същия начин, както принасяли в жертва крави и агнета. По времето на Стария завет, те отстранявали кожата, нарязвали животното на парчета и след това ги принасяли на всеизгаряне.

Евреи 11:17-19 обяснява добре как действал Авраам в този момент: „С вяра Авраам, когато го изпитваше Бог, принесе Исаака жертва, да! оня, който беше получил обещанията принасяше единородния си син, оня, комуто беше казано: „По Исаака ще се наименува твоето потомство", като разсъди, че Бог може да възкресява и от мъртвите, - отгдето по един начин на възкресение го и получи назад." (Евреи 11:17-19 ESVUK).

Авраам завързал Исаак на олтара и тъкмо щял да го нареже с нож. В този момент се появил ангел на Бога и казал: „И ангелът рече: Да не вдигнеш ръката си върху момчето, нито да му сториш нещо; защото сега зная, че ти се боиш от Бога, понеже не пожали за Мене и сина си, единствения си син." (Битие 22:12). Чрез този тест, съвършената вяра на Авраам била потвърдена от Бог и той доказал, че отговаря на изискванията да стане Баща на вярата.

За да култивира истинско сърце и пълна вяра

Имаше време, когато нямах надежда и очаквах само смъртта. Сестра ми обаче ме заведе на църква и само като коленичих в Божия храм, бях излекуван от всички болести чрез Божията сила. Това беше отговорът на молитвите и постите на моята сестра за мен.

След като получих изумителна любов и благоволение от Бога, аз исках да науча за Него много. Присъствах на голям брой събрания за изцеление и всякакви видове религиозни служби, за да науча Божието слово. Въпреки че извършвах тежка физическа работа на един строителен обект, посещавах религиозни служби всяка сутрин. Исках просто да слушам Божието слово и да науча волята Му.

Когато пасторите проповядваха Божията воля, аз просто се подчинявах. Чух, че не е правилно за едно дете на Бога да пуши и да пие, затова веднага отказах цигарите и пиенето. След като разбрах, че трябва да отдаваме на Бога нашите десятъци и дарения, никога не пропускам да ги давам на Бог.

Прочетох Библията и правех това, което Бог казваше да правим. Не правех това, което Библията ни казваше да не правим. Молех се и дори постех, за да отхвърля нещата, които Библията ни казва да отхвърлим. Не беше лесно да ги отхвърля, затова постех, за да успея. Бог взе под внимание моите усилия да се отплатя за Божието благоволение и ми даде ценна вяра.

Вярата ми в Бог ставаше все по-стабилна ден след ден. Никога не се съмнявах в Бог в никакво изпитание или затруднение. В резултат от спазването на Божието слово, сърцето ми се променяше в искрено сърце без лицемерие. То се променяше в добро и чисто сърце, за да стане повече като сърцето на Господ.

Както е написано в 1 Йоаново 3:21: „Възлюбени, ако нашето сърце не ни осъжда, имаме дръзновение спрямо Бога." Аз молех Бог за всичко с пълна вяра и получих отговори.

Изпитания на вярата

Междувременно, през февруари 1983 г., 7 месеца след откриване на църквата, имаше голямо изпитание на вярата ми. Трите ми дъщери и един младеж се отровиха с въглероден моноксид рано една съботна сутрин. Това беше непосредствено след петъчната целонощна служба. Не изглеждаше вероятно да оживеят, защото бяха вдишвали газ почти цяла нощ.

Очите им се бяха обърнали и от устата им излизаше пяна. Телата им нямаха никаква сила и се намираха на прага на смъртта. Казах на църковните членове да ги оставят на пода на храма, да отидат до олтара и да предложат на Бог молитви на благодарност.

„Отче, благодаря Ти! Ти ми ги даде и Ти ми ги отне. Благодаря Ти, че взе дъщерите ми в лоното на Господ. Благодаря Ти, Боже, че ги заведе в Твоето царство, където няма сълзи, скръб или болка."

„Тъй като младежът е праведен член на църквата, моля Те да го съживиш. Не искам този инцидент да опозори името Ти."

След като се молих на Бог по този начин, аз се молих първо за младежа и след това за трите ми дъщери една по една. Едва няколко минути след като се молих, четирима от тях се изправиха с ясно съзнание в същата последователност, в която се молих за тях.

Тъй като вярвах истински и обичах Бог, предложих молитва на благодарност без да тая недоволство или да скърбя в сърцето си. Бог бе трогнат от тази молитва и ни показа голямо чудо. Нашите членове получиха по-голяма вяра след този инцидент. Вярата ми бе призната от Бог повече и получих по-голяма сила от Бога. По-конкретно, научих как да прогоня отровния газ, макар и да не е жив организъм.

Ако покажем нашата неизменна вяра на Бога, когато има изпитание на вярата, Бог ще признае вярата ни и ще ни възнагради с благословии. Дори врагът дявол и Сатаната не могат да ни обвиняват повече, защото и те виждат, че вярата ни е истинска.

От този момент нататък бях способен да преодолея всички изпитания, да се доближа все повече до Бог с искрено сърце и съвършена вяра. Всеки път получавах по-голяма сила отгоре. Чрез Божията сила, която ми е отдадена по този начин, Бог ми позволи да започна да провеждам обединени мисии в чужбина, първата от които през 2000 г.

Докато предлагах 40-дневни пости през 1982 г., преди откриването на църквата, Бог ги прие с радост и ми даде мисиите за Световна евангелизация и Изграждане на големия храм. Дори след пет или десет години, не виждах никакъв начин, за да изпълня тези мисии. Все още вярвах, че Бог щеше да ги изпълни и се молех за тези мисии непрекъснато.

През следващите 17 години след откриването на църквата, Бог ни благослови да постигнем световен евангелизъм чрез мащабни международни мисии, на които бе представена изумителната сила на Бога. Започвайки с Уганда, проведохме обединени мисии в Япония, Пакистан, Кения, Филипините, Индия, Дубай, Русия, Германия, Перу, ДР Конго, Съединените американски щати и дори Израел, където проповядването на евангелието е практически невъзможно. Там се случиха изумителни неща на изцелението. Много хора промениха индуизма и исляма. Ние отдадохме слава на Бога.

Когато часът настъпи, Бог ни позволи да публикуваме много книги на различни езици, за да проповядваме евангелието чрез публикациите. Той ни позволи също да установим християнски телевизионен канал, наречен Глобална Християнска Мрежа и мрежа на християнските лекари, Световна мрежа на християнските лекари, за да проповядваме делата на Божията сила, представени в нашата църква.

Пакистанска мисия

Имаше много случаи, в които успяхме с вяра на международните мисии, но бих искал да говоря за мисията в Пакистан и по-конкретно за тази, която бе проведена през октомври, 2000 г.

В деня на обединената мисия, проведохме конференция на пасторите. Въпреки че имахме разрешение от правителството, мястото за конференцията беше затворено, когато отидохме там на сутринта. Болшинството от населението в Пакистан са мюсюлмани. Имаше терористични заплахи срещу нашата християнска среща. Тя беше рекламирана широко от медиите и мюсюлманите се опитаха да нарушат мисията ни.

Ето защо, правителството изведнъж промени своето мнение, отмени разрешението да използваме мястото и блокира хората, които идваха, за да присъстват на конференцията. Въпреки това, аз не бях смутен или изненадан. Сърцето ми вместо това беше трогнато и казах: „Конференцията ще започне днес след обяд." Изповядах вярата си, докато въоръжените полицаи блокираха вратите и нямаше никаква възможност правителствените служители да променят мнението си.

Бог знаеше предварително, че нещата щяха да се развият така и подготви министъра на културата и спорта на пакистанското правителство, който да разреши този проблем. Той беше в Лахор по работа и докато отиваше към летището, за да се върне в Исламабад, чу за нашата ситуация и се обади на полицията и на правителствените служители, за да бъде проведено събранието. Той дори забави полета си, за да посети мястото, където щеше да се проведе конференцията.

Чрез изумителното дело на Бога вратата на земята се отвори и много хора се втурнаха с приветствия и викове от радост. Те се прегръщаха взаимно и проливаха сълзи от емоция и радост, отдавайки слава на Бога. И беше точно следобед!

На следващия ден, по време на мисията, бяха показани велики дела на Божията сила сред най-големия брой хора в християнската история на Пакистан. Това отвори също пътя за мисионерска работа в Средния Изток. От тогава възхвалявахме Бог много във всяка държава, в която провеждахме мисия в присъствието на най-голям брой хора и най-могъщите дела на Бог.

Така, както можем да отворим всяка врата, ако имаме „главен ключ", ако имаме съвършена вяра, ще предизвикаме Божията сила в най-невъзможните ситуации. Всички проблеми тогава ще се разрешат за момент.

Също така, въпреки че преобладават инциденти, природни бедствия или заразни болести, ще бъдем защитени от Бог, ако се доближим до него с искрени сърца и съвършена вяра. Също така, дори и хората, които притежават власт или които са порочни, да се опитват да Ви потиснат с планове, ако имате праведно сърце и съвършена вяра, ще бъдете способни да възхвалявате Бог като Данаил, който бил защитен в бърлогата на лъва.

Първата част на 2 Летописи 16:9 гласи: „Защото очите на ГОСПОДА се обръщат насам-натам през целия свят, за да се показва Той мощен в помощ на ония, чиито сърца са съвършено разположени към Него." Дори децата на Бог ще срещнат много видове малки и големи проблеми в живота си. В тези случаи, Бог очаква да разчитат на Него, като се молят със съвършена любов.

Онези, които отиват при Бог с истинско сърце, ще се покаят изцяло за греховете си, когато бъдат разкрити. След опрощение на греховете им, те придобиват увереност и могат да се доближат до Бога с пълна вяра (Евреи 10:22). Моля се в името на Господ да разберете този принцип и да се доближите до Бог с искрено сърце и съвършена вяра, за да получите отговори на всичко, за което се молите.

Примери от Библията II

Третото небе и пространство на третото измерение

На третото небе е се намира небесното царство.

Пространството, което има характеристиките на третото небе, е наречено „пространство на третото измерение".

Когато е горещо и влажно през лятото, ние казваме, че е като в тропиците.

Това не означава, че горещият и тропическият въздух от тази област действително се е преместил там.

Това означава просто, че времето там има сходни характеристики с времето в тропическите области.

По същия начин, дори и ако нещата в третото небе да се случват в първото небе (физическото пространство, в което живеем), това не означава, че специфично място от пространството на третото небе се е преместила в първото небе.

Разбира се, когато небесните домакини, ангелите или пророците пътуват в първото небе, вратите, които свързват третото небе, ще се отворят.

Така, както астронавтите трябва да бъдат в пространство, подходящо за лунни разходки или разходки в космоса, когато съществата от третото небе слизат в първото небе, те трябва да „облекат" пространството на третото измерение.

Някои от патриарсите в Библията също са изпитвали пространството на третото небе. Това обикновено са случаите, когато ангелите или ангелите на ГОСПОД се явявали пред тях и им помагали.

Петър и Павел са освободени от затвора

Деяния 12:7-10 гласи: „И, ето, един ангел от Господа застана до него, и светлина осия килията; и като побута Петра по ребрата, разбуди го и рече му: „Ставай бърже." И веригите паднаха от ръцете му. И ангелът му рече: „Опаши се и обуй сандалите си." И той стори така. Тогава му каза: „Облечи дрехата си и дойди подир мене." И Петър излезе и вървеше изподире, без да знае, че извършеното от ангела е действителност, но си мислеше, че вижда видение. А като преминаха първата и втората стража, дойдоха до желязната порта, която води в града, и тя им се отвори сама; и като излязоха през нея, изминаха една улица и ангелът веднага се оттегли от него."

Деяния 16:25-26 гласи: „Но по среднощ, когато Павел и Сила се молеха с химни на Бога, а затворниците ги слушаха, внезапно стана голям трус, така че основите на тъмницата се поклатиха и веднага всички врати се отвориха, и оковите на всичките се развързаха."

Това били събитията, когато Петър и Павел били хвърлени в затвора без причина, само защото проповядвали евангелието. Те били преследвани, докато проповядвали евангелието, но изобщо не се оплаквали. Вместо това, възхвалявали Бога и се радвали от факта, че страдали в името на Господ. Тъй като сърцата им били праведни според справедливостта на третото небе, Бог им изпратил ангели, за да ги освободят. Стегнатите окови или железни врати не представлявали проблем за ангелите.

Данаил оцелял в бърлогата на лъва.

Когато Данаил бил първи министър на Персийската империя, някои от тези, които му завиждали, кроели планове, за да го унищожат. Впоследствие бил захвърлен в клетката на лъва. В Данаил 6:22 е записано: „Моят Бог прати ангела Си да затули устата на лъвовете, та не ме повредиха, защото се намерих невинен пред Него; още и пред тебе, царю, не съм сторил никакво прегрешение." Тук „Бог прати ангела Си да затули устата на лъвовете" означава, че го обхванало пространството на третото небе.

На царството на третото небе, дори животните, които са свирепи на земята, като лъвовете, не са бесни, а кротки. Ето защо, лъвовете на тази земя също станали много кротки, когато ги обхванало пространството на третото царство. При повдигане на това пространство, те ще се възстановят своята свирепа природа. Даниил 6:24 гласи: „Тогава по заповед на царя, докараха ония човеци, които бяха наклеветили Даниила, и хвърлиха тях, чадата им и жените им в рова на лъвовете; и преди да стигнат до дъното на рова лъвовете им надвиха и счупиха всичките им кости."

Даниил бил защитен от Бог, защото изобщо не съгрешавал. Порочните хора се опитали да намерят причина, за да го обвинят, но не успяли. Освен това, той се молил, въпреки че животът му бил застрашен. Всичките му действия били праведни според справедливостта на третото измерение и поради тази причина, бърлогата на лъвовете била покрита от пространството на третото измерение и Даниил изобщо не бил наранен.

Глава 7
Кой казваш, че съм аз?

> "Ти си Христос, Синът на живия Бог."
> Ако изповядате вярата си
> от дълбочината на Вашето сърце,
> тя ще бъде последвана от Вашите дела.
> Бог благославя хората, които извършват такава изповед.

Значението на изповедта на устните

Петър вървял по водата

Петър получил ключовете за небето

Причината, заради която Петър получил изумителни благословии

Спазвайте на дело Словото, ако вярвате в Исус като Ваш Спасител

Да получите отговори пред Исус

Получаване на отговори чрез изповедта на устните

Казва им: „Но според както вие казвате, Кой съм Аз?" Симон Петър в отговор рече: „Ти си Христос, Син на живия Бог." Исус в отговор му каза: „Блажен си, Симоне, сине Йонов, защото плът и кръв не са ти открили това, но Отец Ми, който е на небесата. Пък и Аз ти казвам, че ти си Петър и на тая канара ще съградя Моята църква; и портите на ада няма да й надделеят. Ще ти дам ключовете на небесното царство; и каквото вържеш на земята, ще бъде вързано на небесата, а каквото развържеш на земята, ще бъде развързано на небесата."

(Матей 16:15-19)

Някои женени двойки рядко казват „Обичам те" през целия си семеен живот. Ако ги попитаме, възможно е да отговорят, че сърцето е важно и в действителност не трябва да го казват през цялото време. Разбира се, сърцето е по-важно от устното признание.

Независимо колко пъти казваме „Обичам те", думите са безполезни, ако не обичаме от сърце. Не е ли по-добре обаче да признаем какво изпитваме в сърцето си? В духовен смисъл е едно и също.

Значението на изповядването с устните

Римляни 10:10 гласи: „защото със сърце вярва човек и се оправдава, и с уста прави изповед и се спасява."

Разбира се, това, на което обръща внимание този стих, е да вярваме от сърце. Няма да бъдем спасени, ако просто признаем с устните „Аз вярвам", а ако вярваме от сърце. Въпреки това, написано е, че трябва да признаем с устните това, в което вярваме от сърце. Защо?

Това е, за да се подчертае значението на действията, които следват признанието на устните. Хората, които изповядват, че вярват, но правят това само с устните си без да изпитват вяра в сърцата си, не могат да докажат своята вяра чрез техните действия или дела на вярата.

Онези обаче, които вярват истински и признават с устните си, доказват своята вяра с действията си. По-конкретно, те правят това, което Бог казва да правим, не правят това, което Бог казва да не правим, запазват това, което Бог казва да запазим и отхвърлят това, което Бог казва да отхвърлим.

Яков 2:22 гласи: „Ти виждаш, че вярата действуваше

заедно с делата му, и че от делата се усъвършенствува вярата." В Матей 7:21 също е написано: „Не всеки, който Ми казва: Господи! Господи! ще влезе в небесното царство, но който върши волята на Отца Ми, който е на небесата." По-конкретно, показано че, че ще бъдем спасени само ако спазваме Божията воля.

Ако направим изповед с вяра, която идва от сърце, ще бъде придружена с дела. Бог ще я счита за истинска вяра, ще отговори и ще Ви ръководи по пътя към благословиите. В Матей 16:15-19 виждаме, че Петър получил толкова изумителни благословии чрез неговата изповед на вярата, която произлизала от дълбочините на сърцето му.

Исус попитал учениците: „Кой казвате, че съм аз?" Петър отговорил: „Ти си Христос, Синът на живия Бог." Как могъл да направи такава удивителна изповед на вярата?

В Матей 4 четем за ситуацията, в която Петър направил забележителна изповед на вярата. Това било, когато Петър ходил по водата. Да вървиш по водата за хората няма никакъв смисъл според човешките способности. Вървенето на Исус по вода е изумително само по себе си и бързо привлича вниманието върху Петър, който също вървял по вода.

Петър вървял по вода

По онова време Исус се молел сам в планината и по средата на нощта, Той се доближил до неговите ученици, които се намирали на една лодка, ударяна от вълните. Учениците помислили, че бил призрак. Представете си едно същество в тъмната нощ, което се доближава до Вас в морето! Учениците извикали от страх.

Исус казал: „Дерзайте! Аз съм; не бойте се." И Петър

в отговор Му рече: „Господи, ако си Ти, кажи ми да дойда при Тебе по водата." А Той рече: „Дойди!" И Петър слезе от ладията и ходеше по водата да иде при Исуса.

Петър можел да върви по водата, но това не било, защото вярата му била съвършена. Разбираме това от факта, че той се страхувал и започнал да потъва, когато видял вятъра. И Исус веднага простря ръка, хвана го, и му рече: „Маловерецо, защо се усъмни?" Как би могъл Петър да върви по водата без съвършена вяра?

Въпреки че не бил способен да направи това със собствената си вяра, той вярвал в Исус, Сина на Бога, в сърцето си и Го признал, за да може да върви по водата за момент. Така осъзнаваме нещо много важно: важно е да изповядаме с устни, когато вярваме в Господ и Го признаваме.

Преди да върви по водата, Петър признал: „Господи, ако си Ти, кажи ми да дойда при Тебе по водата." Разбира се, не можем да кажем, че тази изповед била пълна. Ако вярваше 100 % в Господ, той щеше да признае: „Господи, ти можеш да направиш всичко. Кажи ми да дойда при теб по водата."

Петър нямал достатъчно вяра, за да направи съвършено признание от дълбочината на своето сърце и казал: „Господи, ако си Ти." Той търсел потвърждение. Въпреки това, Петър се отличил от другите ученици в лодката, като казал това.

Той изповядал вярата си веднага, след като признал Исус, докато останалите ученици плачели от страх. Когато Петър повярвал на Исус и Го признал като Господ от все сърце, той бил способен да изпита такова чудо, което не би могъл да извърши със собствената си вяра и сила, а именно - да върви по водата.

Петър получил ключовете за небето

Чрез горепосоченото преживяване, Петър накрая направил съвършена изповед на своята вяра. В Матей 16:16, Петър казал: „Симон Петър в отговор рече: Ти си Христос, Син на живия Бог." Това била различна изповед от тази, която направил по времето, когато вървял по водата. По време на духовенството на Исус, не всеки повярвал в Него и Го признал за Месията. Някои хора Му завиждали и искали да Го убият.

Някои хора дори Го осъждали и критикували, като разпространявали фалшиви слухове, като „Той беше луд", „Той беше обзет от Велзебуб" или „Като принц на демоните, Той прогонваше демоните".

Въпреки това, в Матей 16:13 Исус попитал Неговите ученици: „Според както казват хората, Човешкият Син кой е?" Те отговорили: „Едни казват, че е Йоан Кръстител; други пък - Илия; а други - Еремия, или един от пророците." Имало също злонамерени слухове за Исус, но учениците не ги споменали, а говорили само за добрите неща, за да Го насърчат.

Исус ги попитал отново: „Но според както вие казвате, кой съм Аз?" Първият, който отговорил на този въпрос, бил Петър. Той казал в Матей 16:16: „Ти си Христос, Син на живия Бог." Ние четем в следните стихове, че Исус благословил Петър.

„Блажен си, Симоне, сине Йонов, защото плът и кръв не са ти открили това, но Отец Ми, който е на небесата" (Матей 16:17).

„Пък и Аз ти казвам, че ти си Петър и на тая канара ще съградя Моята църква; и портите на ада няма да й надделеят. Ще ти дам ключовете на небесното царство; и каквото вържеш на земята, ще бъде вързано на небесата, а каквото развържеш на земята, ще бъде развързано на небесата." (Матей 16:18-19).

Петър получил благословията да стане основата на църквата и да притежава властта да покаже неща на духовното пространство в това физическо пространство. По този начин по-късно чрез Петър се случили многобройни чудотворни неща; сакатите хора проходили; мъртвите се съживили и хиляди хора се разкаяли едновременно.

Също така, когато Петър проклел Анания и Сафира, които създали Светия дух, те веднага паднали и умрели (Деяния 5:1-11). Всички тези неща станали възможни, защото апостол Петър имал властта каквото върже на земята да бъде вързано на небесата, а каквото развърже на земята, да бъде развързано на небесата.

Причината, заради която Петър получил изумителна благословия

Каква била причината Петър да получи такава изумителна благословия? Докато стоял близо до Исус като Негов ученик, той видял многобройни дела на силата, представени чрез Исус. Неща, които били непосилни за хората, се случили чрез Исус. Неща, които човек не бил способен да проумее, били провъзгласени от устата на Исус. Какво трябвало да направят онези, които вярвали истински в Бог и имали добрина в сърцето си? Не биха ли Го разпознали, мислейки:

„Това не е просто обикновен човек, а Синът на Бога, който дойде от небето"?

Много хора обаче не разпознали Исус, когато Го видели. По-конкретно, висшите духовници, свещениците, фарисеите, писарите и други ръководители не искали да Го признаят.

Вместо това, някои изпитвали завист към Него и се опитали да Го убият. Други Го осъждали и критикували в мислите си. Исус изпитвал голямо съжаление към тези хора и казал в Йоан 10:25-26: „Исус им отговори: Казах ви, и не вярвате. Делата, които върша в името на Отца Си, те свидетелствуват за Мене. Но вие не вярвате, защото не сте от Моите овце."

Дори и по времето на Исус, много хора Го осъждали, критикували и искали да Го убият. Въпреки това, Неговите ученици, които винаги Го наблюдавали, били различни. Разбира се, не всички ученици вярвали дълбоко в сърцата си и проповядвали за Исус като за Сина на Бога и Христос. Те обаче вярвали и признали Исус.

Петър казал на Исус: „Ти си Христос, Сина на живия Бог" и това не било нещо, което чул от някого или осъзнал с мислите си. Той бил способен да го разбере, защото видял делата на Бог, които последвали Исус и защото Бог му позволил да го разбере.

Прилагайте на дело Словото, ако вярвате, че Исус е Вашият Спасител.

Някои хора произнасят с устните си „Аз вярвам", само защото други хора им казват, че ще бъдем спасени, ако вярваме в Исус, че ще бъдем излекувани и ще получим благословии, ако ходим на църква. Разбира се, когато отивате на църква за първи път, най-вероятно не правите това, защото знаете и вярвате достатъчно. Когато чуят, че ще бъдат благословени и спасени, ако отидат на църква, много хора мислят: „Защо да не опитам?"

Независимо поради каква причина отивате в църквата, Вие няма да разсъждавате по същия начин, когато видите чудотворните дела на Бога. Това, което имам предвид е, че не трябва просто да проповядвате с устни, че вярвате, докато нямате никаква вяра, а да приемете Исус Христос като Ваш личен Спасител и да предадете Исус Христос на другите чрез Вашите действия.

В моя случай имам напълно различен живот, след като срещнах живия Бог и приех Исус като мой личен Спасител. Повярвах изцяло в сърцето си на Бог и Исус като моя личен Спасител.

Винаги признавах Господ в моя живот и спазвах Божието слово. Не настоявах на моите мисли, теории или мнения, а просто разчитах на Бог във всичко. Както е записано в Притчи 3:6: „Във всичките си пътища признавай Него, и Той ще оправя пътеките ти", признах Бог във всичко и Бог ме ръководи във всичките ми пътища.

Тогава започнах да получавам удивителни благословии, като тези, които получил Петър. Както Исус казал на Петър: „...каквото вържеш на земята, ще бъде вързано на небесата, а каквото развържеш на земята, ще бъде развързано на небесата." Бог ми даваше всичко, в което вярвах и което исках.

Признах Бог и се освободих от всякакви пороци според Словото Му. Той ми даде силата Си, когато постигнах нивото на святост. Болестите напускаха болните и те оздравяваха, когато ги докосвах. Проблемите на хората в семейството или в работата се разрешаваха, когато се молех за тях. Признавах Бог във всичко, изповядвах вярата си и Го удовлетворявах, като спазвах Словото Му, затова изпълняваше моите желания и ме благослови много.

Да получим отговори пред Исус

В Библията виждаме, че много хора отишли пред Исус и техните болести и недъзи били излекувани или проблемите им били разрешени. Имало и неевреи сред тях, но болшинството били евреи, които вярвали в Бог от поколения.

Въпреки че вярвали в Бог, те не били способни да решат сами проблемите си или да получат отговор с вярата си. Те били излекувани от болести и недъзи и проблемите им били разрешени, когато застанали пред Исус. Това било, защото вярвали, разпознали Исус и свидетелствали за това с вярата си.

Причината, заради която толкова много хора се опитвали да отидат пред Исус и дори да докоснат дрехите Му е, защото те вярвали, че Исус не бил обикновен човек и проблемите им щели да се разрешат, след като отидат пред Него, макар и вярата им да не била пълна. Те не били способни да получат отговори на своите проблеми със собствената си вяра, но все още било възможно да получат отговор, ако вярвали, признавали и отивали пред Исус.

Вярвате ли Вие? Ако Вие наистина вярвате в Исус Христос и казвате: „Ти си Христос, Сина на живия Бог", тогава Бог ще Ви отговори, виждайки сърцето Ви. Разбира се, признанието за вярата на онези, които ходят на църква от известно време, трябва да е много различно от това на новите вярващи. Така е, защото Бог изисква различен вид изповед с устните за различните хора според индивидуалната им вяра. Така, както познанията на четири-годишното дете са различни от тези на младежа, изповедта на устните също трябва да е различна.

Въпреки това, Вие не сте способни да осъзнаете тези неща сами или просто да ги чуете от някой друг и да ги разберете. Светият дух във Вас трябва да Ви даде разбирането и Вие трябва да го признаете с вдъхновението на Светия дух.

Получаване на отговори чрез признанието на устните

В Библията има много хора, които са получили отговор чрез признанието на устните им. В Лука, глава 18, когато един слепец вярвал и признал Господ, отишъл пред Него и изповядал: „Господи, искам да прогледам" (стих 41). Исус отговорил: „Прогледай; твоята вяра те изцели" (стих 42) и той веднага прогледнал.

Когато вярвали, признавали, отивали пред Исус и изповядвали с вяра, Исус се произнасял с оригиналния глас и желанието се изпълнявало. Исус имал същата сила, като всемогъщия и въздесъщ Бог. Ако Исус реши нещо в мислите Си, всички видове болести или недъзи ще бъдат излекувани и всички видове проблеми ще бъдат разрешени.

Това обаче не означава, че Той разрешил проблемите и отговорил на молитвите на всички. Не е правилно според справедливостта да се моли за и да благослови тези, които не вярват, не Го признават или не се интересуват от Него.

По подобен начин, въпреки че Петър вярвал и признавал

Господ в сърцето си, ако не беше изповядал това с устните си, щеше ли Исус да даде на Петър онези чудотворни дела на благословията? Исус бил способен да обещае на Петър благословия без да нарушава справедливостта, защото Петър вярвал и признавал Исус в сърцето си и изповядал това с устните си.

Ако искате да участвате в духовенството на Светия дух, както Петър направил за Исус, трябва да се изповядате с устни от все сърце. Надявам се с такова изповядване с устните с вдъхновението на Светия дух да изпълните бързо желанията на сърцето си.

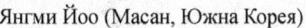

Янгми Йоо (Масан, Южна Корея)

Неканена и непозната болест, която ме сполетя един ден

В средата на януари на 2005 г., лявото ми око изведнъж започна да се замъглява и зрението ми с двете очи отслабна. Предметите изглеждаха неясни или почти невидими. Много предмети изглеждаха жълти и правите линии изглеждаха извити и вълнообразни. Освен това, последва повръщане и замайване.
Лекарят ми каза: "Това е болестта Харада. Предметите изглеждат вълнообразни, защото имате подутини в окото." Той каза, че причината за болестта все още е неизвестна и зрението не можеше да се възстанови лесно с лекарства. При увеличаване на туморите, можеха да покрият очните нерви и това щеше да причини загуба на зрението. Започнах да се вглеждам в себе си с молитва. След това започнах да изпитвам благодарност, защото щях да остана арогантен, ако нямах такъв проблем.
Замайването и повръщането ми изчезнаха чрез молитвата

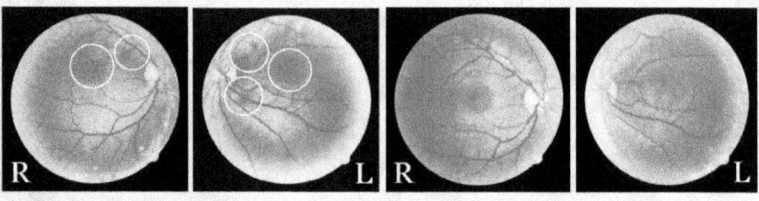

Преди молитвата | Туморите са изчезнали непосредствено след молитвата

на преп. д-р Джейрок Лий по време на излъчванията и с кърпичката, върху която се беше молил. „Мъртви очни нерви! Светлина, ела!"

По-късно гледах петъчната вечерна служба по телевизията с перфектно зрение. Виждах ясно субтитрите. Можех да видя това, което исках и предметите вече не изглеждаха неясни. Цветовете на всички предмети бяха ясни. Нищо вече не изглеждаше жълто. Алилуя!

На 14 февруари отидох на преглед за потвърждение на моето оздравяване и отдадох слава на Бога. Лекарят каза: „Изумително! Очите Ви са нормални." Лекарят знаеше за сериозното състояние на моите очи и беше изненадан, че бяха нормални. След подробен преглед, той потвърди, че туморите са изчезнали и няма подуване. Попита ме дали съм получил медицинско

лечение в друга болница. Отговорих му ясно: „Не. Получих молитвата на преп. д-р Лий и бях излекуван с Божията сила." Зрението ми беше 0.8/0.25 преди да получа молитвата, но се подобри на 1.0/1.0 след нея. Зрението ми сега е 1.2 в двете очи.

-Извлечение от Изключителни неща -

Глава 8
Какво искаш да направя за теб?

> Когато Исус казал:
> „Какво искаш да направя за теб?",
> звучи първоначалният глас.

Да получим отговор чрез първоначалния глас

Вярвайте на Исус от все сърце

Викайте, когато молите Бог

Съвършена вяра, която е непоклатима

Захвърлете Вашата дреха

Бог чува изповедта с вяра

„Какво искаш да направя за теб?" И той казал: „Господи, искам да възстановя зрението си!"

(Лука 18:41)

Дори онези, които идват в църквата за първи път, могат все още да получат отговор на всякакъв вид проблем, ако вярват на Бог в своето сърце. Така е, защото Бог е нашият добър Баща, който иска да даде добри неща на Неговите деца, както е записано в Матей 7:11: „И тъй, ако вие, които сте зли, знаете да давате блага на чадата си, колко повече Отец ви, който е на небесата, ще даде добри неща на тия, които искат от Него!"

Причината, заради която Бог създал условията за получаване на отговор в Неговата справедливост е, да позволи Неговите любими деца да получат изобилни благословии. Бог не изпратил условията, за да каже: „Не мога да ви дам, защото не отговаряте на изискванията."

Той ни учи на начините, за да изпълним желанията на нашето сърце, нашите финансови и семейни проблеми или проблеми с болести. Вярата и подчинението са най-важни, за да получим такива отговори в Божията справедливост.

Да получим отговора чрез оригиналния глас

В Лука, глава 18 четем историята на един сляп човек, който получил отговор, когато Исус звучал с оригиналния глас. Той чул, че Исус минавал, докато се молил на улицата и извикал силно: „Исусе, сине Давидов, смили се за мене!" А тия, които вървяха отпред го смъмриха, за да млъкне; но той още повече викаше: „Сине Давидов, смили се за мене!"

И тъй, Исус се спря и заповяда да Му го доведат. И като се приближи попита го: „Какво искаш да ти сторя?" А той каза: „Господи да прогледам!" Исус му рече: „Прогледай; твоята вяра те изцели." След тези думи се случило нещо изключително. Той веднага възстановил зрението си. Всички хора, които видяли това, започнали да възхваляват Бога.

Когато Исус казал: „Какво искаш да ти сторя?", Той говорил с първоначалния глас. Когато слепият човек отговорил: „Господи да прогледам!" и Господ отвърнал: „твоята вяра те изцели", това отново бил първоначалният глас.

„Първоначалният глас" е гласът на Бог, който Той произнасял, когато създал небесата, земята и всички неща на тях с Неговото Слово. Слепият човек бил способен да възстанови зрението си, когато Исус звучал с първоначалния глас, защото отговарял на изискванията, за да получи отговор. От този момент нататък, нека да разгледаме подробно как този сляп човек получил отговор на своето искане.

Вярвайте на Исус дълбоко в сърцето си

Исус ходил в градове и села, разпространявал евангелието на небесното царство и потвърдил Словото Си с последвалите знамения и чудеса. Сакатите проходили, прокажените се излекували и онези, които страдали от нарушение на зрението или слуха, започнали да виждат и да чуват. Хората, които не били способни да говорят, проговорили и демоните били изгонени. Тъй като новините за Исус се разпространили широко, около Него се събирала тълпа от хора навсякъде, където ходел.

Един ден, Исус отишъл в Ерихон. Както обикновено, много хора се събрали около Него и Го следвали. Един сляп човек, който седял на улицата, за да проси, чул минаващата тълпа и попитал хората какво ставало. Някой му казал: „Исус Назарянинът минава." Тогава слепият човек извикал без да се колебае: „Исусе, сине Давидов, смили се за мене!"

Той извикал по този начин, защото вярвал, че Исус бил способен да го накара да прогледне. Също така се подразбира, че той вярвал на Исус като Спасител поради факта, че извикал: „Исусе, сине Давидов."

Така е, защото всички хора в Израел знаели, че Месията щял да дойде от фамилията на Давид. Първата причина, заради която този сляп човек получил отговор е, защото вярвал и приел Исус като Спасител. Той вярвал също безусловно, че Исус бил способен да направи така, че да прогледне.

Въпреки че бил сляп и не виждал, той чул много новини за Исус. Той чул, че се появил един човек на име Исус, който притежавал толкова голяма сила, че разрешил всякакви видове проблеми, които не били по възможностите на хората.

Както е записано в Римляни 10:17: „И тъй, вярването е от слушане", този сляп човек вярвал, че бил способен да прогледне, ако можел да отиде при Исус. Той вярвал в това, което чул, защото имал сравнително добро сърце.

По подобен начин, ако имаме добро сърце, за нас е по-лесно да притежаваме духовна вяра, когато слушаме евангелието. Евангелието е „добра новина" и новините за Исус също били добри новини. Ето защо, хората с добри сърца просто приемат добрите новини. Например, когато някой каже: „Излекувах се от неизличима болест чрез молитва", хората с добри сърца ще се радват с него. Дори и да не вярват напълно, те ще помислят: „Това наистина е нещо добро, ако е вярно."

Колкото по-лоши са хората, повече се съмняват и се опитват да не вярват. Някои дори осъждат или критикуват с думите: „Те измислят това, за да мамят хората." Когато казват обаче, че Светият дух, представен от Бог, е измама и лъжа, това означава да осквернявате Светия дух.

Матей 12:31-32 гласи: „Затова ви казвам: Всеки грях и хула ще се прости на човеците; но хулата против Духа няма да се прости. И ако някой каже дума против Човешкия син, ще му се прости; но ако някой каже дума против Светия Дух, няма да му се прости, нито в тоя свят, нито в бъдещия."

Трябва да се разкаете, ако сте осъдили една църква, която показва делата на Светия дух. Ще бъдете способни да получите отговора, само когато бъде унищожена стената от грях между Бога и Вас.

1 Йоаново 1:9 гласи: „Ако изповядваме греховете си, Той е верен и праведен да ни прости греховете, и да ни очисти от всяка неправда." Ако имате нещо, за което да се разкаете, надявам се да се разкаете изцяло пред Бог със сълзи и да вървите само в Светлината.

Викайте, когато се молите на Бог

Когато слепият човек чул, че Исус минавал наблизо, той извикал: „Исусе, сине Давидов, смили се за мене!" Той извикал на Исус на висок глас. Защо трябвало да вика на висок глас?

В Битие 3:17 е записано: „А на човека рече: Понеже си послушал гласа на жена си и си ял от дървото, за което ти заповядах, като казах: Да не ядеш от него, то проклета да бъде земята поради тебе; със скръб ще се прехранваш от нея през всичките дни на живота си."

Преди първият човек Адам да яде от дървото на познанието на доброто и злото, хората били свободни да се хранят с всичко, осигурено от Бог, колкото искали. Въпреки това, след като Адам не се подчинил на Божието слово и ял от дървото, грехът навлязъл в хората и ние сме станали хора от плът. От този момент нататък, ние сме способни да се храним само след мъчителен труд.

Това е установената от Бога справедливост. Следователно, ще получим отговори от Бога само с пот на челото. По-конкретно, трябва да се молим усърдно с молитвите с цялото си сърце, съзнание и душа и да викаме, за да получим отговор.

Еремия 33:3 гласи: „Извикай към Мене и ще ти отговоря, И ще ти покажа велики и тайни неща, Които не знаеш." В Лука 22:44 е записано: „И като беше на мъка, молеше се по-усърдно; и потта Му стана като големи капки кръв, които капеха на земята."

Също така, в Йоан 11, когато Исус съживил Лазар, който бил мъртъв от четири дни, Той извикал на висок глас: „Лазаре, излез вън!" (Йоан 11:43). Когато Исус пролял цялата Си кръв и вода и издъхнал на кръста, Той извикал на висок глас: „Отче в Твоите ръце предавам духа Си." (Лука 23:46).

Тъй като дошъл на тази земя като човек от плът, дори безгрешният Исус извикал силно според Божията справедливост. Как бихме могли тогава ние, Божите творения, просто да седим и да се молим тихо без да викаме на висок глас, за да получим отговора на проблемите, които не са по възможностите на човека? Следователно, втората причина, поради която слепият човек бил способен да получи отговор, била, че извикал на висок глас, което било в съответствие с Божията справедливост.

Яков получил благословия от Бога, когато се молил, докато ставата на бедрото му се изместила (Битие 32:24-30). Докато не заваляло след три и половина годишна суша, Илия се молил толкова ревностно, че сложил главата си между коленете (3 Царе 18:42-46). Ще получим отговор бързо, като разчустваме сърцето на Бог, когато се молим с всички сили, вяра и любов.

Да викаме в молитвата не означава да крещим с дразнещ глас. Можете да прочетете правилния начин за молитва и за получаване на отговори от Бога в книгата „Продължавайте да бдите и да се молите".

Съвършена вяра, която е неотклонна

Някои хора казват: „Бог познава и най-дълбоко място в сърцето ти, затова не е нужно да викаш в молитвата." Това обаче не е вярно. Слепият човек бил смъмрен да замълчи, но той продължил да вика.

Той не се подчинил на хората, които му казали да мълчи, а викал още повече в съответствие с Божията справедливост с още по страстно сърце. Вярата му в този момент била съвършена и неотклонна. Третата причина, заради която получил отговор е, че показвал вярата си, която била неизменна във всякаква ситуация.

Той нямаше да възстанови зрението си, ако се беше обидил или замълчал, когато хората го упрекнали. Въпреки това, той вярвал толкова убедено, че щял да прогледне, след като срещне Исус, че не искал да пропусне този момент, въпреки упреците на хората. Това не бил моментът да бъде горд. Той не можел да отстъпи пред никаква трудност. Продължил да се моли ревностно и накрая получил отговор.

В Матей, глава 15 се разказва за една ханаанка, която отишла със смирено сърце пред Исус и получила отговор. Когато Исус отишъл в Тир и Сидон, една жена застанала пред Него и Го помолила да прогони демона, който обзел дъщеря й. Какво отговорил Исус? Той казал: „Не е прилично да се вземе хляба на децата и да се хвърли на кученцата." Децата се отнасяли за хората на Израел, а кучето - за ханаанската жена.

Обикновените хора щели да се обидят много от подобна забележка и да си тръгнат. Тя обаче била различна. Жената смирено поискала милост: „Така, Господи; но и кученцата ядат от трохите, които падат от трапезата на господарите им." Исус бил трогнат и казал: „О жено, голяма е твоята вяра; нека ти бъде според желанието." И дъщеря й оздравя в същия час. Тя получила отговор, защото отхвърлила изяло гордостта си и се смирила.

Въпреки това, много хора, макар и да отиват пред Бог, за да разреши голям проблем, просто се връщат или не разчитат на Него, само защото чувствата им са наранени от нещо дребно. Ако наистина имат вяра, за да разрешат всеки труден проблем, те ще продължат да молят Бог за Неговото благоволение със смирено сърце.

Свалете дрехата си

Когато Исус отишъл в Ерихон по онова време, Той отворил очите на един сляп човек и от Марко 10:46-52 научаваме, че Исус отворил очите на друг слепец. Този слепец бил Вартимей.

Той също извикал на висок глас, когато чул Исус да минава наблизо. Исус казал на хората да го заведат при Него и трябва да обърнем специално внимание на това, което направил. Марко 10:50 гласи: „И той си хвърли дрехата и скокна и дойде при Исуса." Това била причината да получи отговор: той хвърлил дрехата си и отишъл пред Исус.

Какво духовно значение има хвърлянето на дрехата, което било едно от условията да получи отговор? Дрехата на просяка вероятно била мръсна и миризлива. Това обаче било единственото притежание на просяка, с което бил способен да защити тялото си. Вартимей имал добро сърце и не можел да отиде пред Исус с мръсна и миризлива дреха.

Исус, когото щял да срещне, бил свят и чист човек. Слепият човек знаел, че Исус бил добър човек, който се отнасял с благоволение към хората, лекувал ги и давал надежда на бедните и болните. Ето защо, той послушал гласа на своята съвест, която му казала да не отива пред Исус с мръсна и миризлива дреха. Той се подчинил на гласа и я хвърлил.

Преди да получи Светия дух, Вартимей слушал гласа на своята добра съвест и се подчинил. По-конкретно, той захвърлил веднага своето най-ценно притежание, дрехите си. Друго духовно значение на дрехата е нашето сърце, което е греховно и мирише лошо. Това е сърцето на неистината, като гордост, арогантност и всички други порочни неща.

Това означава, че за да срещнем Бог, който е свят, трябва да отхвърлим всичко порочно и миризливо, което е като мръсната дреха на просяка. Ако искате наистина да получите отговор, трябва да слушате гласа на Светия дух, когато Ви напомня за Вашите минали грехове. Трябва да се разкаете за всеки един от тях. Трябва да се подчините без колебание на това, което Ви казва гласът на Светия дух по начина, по който направил това Вартимей.

Бог чува изповедта на вярата

Исус накрая отговорил на този слепец, който се молил с пълна увереност и вяра. Исус го попитал: „Какво искаш да ти сторя?" Нима Исус не знаел какво искал този слепец? Разбира се, че знаел, но Той попитал, защото е необходима изповед на вярата. Божията справедливост означава да направим изповед с устните си, за да получим отговор.

Исус попитал слепеца: „Какво искаш да ти сторя?", защото отговарял на изискванията, за да получи отговор. Когато отговорил: „Учителю, да прогледам!", желанието му се сбъднало. По подобен начин, ще получим всичко, което искаме, ако отговаряме на изискванията според Божията справедливост.

Знаете ли приказката за вълшебната лампа на Аладин? Ако разтъркате лампата три пъти, от нея ще изскочи великан и ще изпълни три Ваши желания. Въпреки че това е просто приказка, сътворена от хората, ние имаме много по-вълшебен и могъщ начин за изпълнение на желанията. В Йоан 15:7 Исус казал: „Ако пребъдете в Мене и думите Ми пребъдат във вас, искайте каквото и да желаете, и ще ви бъде."

Вярвате ли в силата на всемогъщия Баща Бог, който е всемогъщ? Тогава можете просто да живеете в Господ и да оставите Словото да живее във Вас. Надявам се да бъдете едно с Господ чрез вяра и подчинение, за да можете смело да проповядвате Вашите желания и да се изпълнят, докато звучи оригиналният глас.

Г-жа Акио Хироучи (Майзуру, Япония)

Атриалният septален дефект на внучката ми беше излекуван!

В началото на 2005 г., в нашето семейство се родиха близначки. Три месеца по-късно, втората от близначките имаше проблеми с дишането. Тя беше диагностицирана с атриален септален дефект с 4.5 мм пункция в сърцето. Тя не можеше да държи стабилно главата си, нито да суче мляко. Налагаше се да получава млякото през носа с тръбичка.

Състоянието ѝ беше критично и педиатърът от Университетската болница в Киото дойде в болницата в Майзуру. Бебето беше прекалено слабо, за да бъде преместено в университетската болница, която се намираше доста далеч. Затова трябваше да получи лечение в местната болница.

Пастор Кионтей Ким от църквата Манмин Осака и Майзуру се моли за нея с кърпичка, на която се беше молил преп. Джейрок Лий. Също така, той изпрати молба за молитва до главната

църква в Сеул, заедно с нейна снимка.

Аз не бях в състояние да гледам религиозната служба по Интернет, затова записахме петъчната целонощна служба на Централната църква Манмин на 10 юни, 2005 г. и след това цялото семейство заедно получихме молитвата на преп. Лий.

„Отче Господи, излекувай я, преминавайки границите на времето и пространството. Положи ръцете си върху Мики Юна, внучка на Хироучи Акио в Япония. Атриален септален дефект, изчезни! Да бъдеш изгорен с огъня на Светия дух и да оздравее!"

На следващия ден, 11 юни, се случи чудо. Бебето не беше в състояние да диша самостоятелно, но състоянието й беше по-добро и й бяха отстранили респиратора.

„Чудо е, че бебето се възстанови така бързо!" Лекарят беше изумен.

От тогава, бебето расте много добре. Теглото й беше само 2.4 кг, но 2 месеца след като получи молитвата, тя тежеше 5 кг! Гласът й също беше по-силен, когато плачеше. Виждайки лично това чудо, аз се регистрирах в Централната църква Манмин през август, 2005 г. Осъзнах, че Той осигуряваше божествено изцеление, знаейки, че ще повярвам в него чрез чудото.

Чрез това благоволение, аз се трудех предано, за да установя църквата Манмин в Майзуру. Три години след откриването, църковните членове и аз предложихме на Бог да купим красива сграда за храм.

Днес правя много доброволни дела за Божието царство. Благодарна съм не само за благоволението за изцеление на моята внучка, но и за благоволението на Бог да ме поведе по пътя на истинския живот.

Извлечение от Изключителни неща -

Глава 9
„Ще бъде направено за вас според вярата ви"

> Оригиналният глас, който произлиза
> от устата на Исус,
> отива на земята
> и достига края на света,
> показвайки Неговата сила,
> превишаваща времето и пространството.

Всички творения се подчиняват на оригиналния глас

Хората стават неспособни да чуят оригиналния глас

Причината, заради която не получават отговори

Стотникът имал добро сърце

Стотникът изпитал чудо, превишаващо времето и пространството

Могъщи дела, преминаващи ограниченията на времето и пространството

„И Исус казал на стотника: Иди си; както си повярвал, така нека ти бъде. И слугата оздравя в същия час."

(Матей 8:13)

Когато агонизират или имат затруднения, които не могат да разрешат, много хора чувстват, че Бог е далеч от тях или им обръща гръб. Някои от тях дори се съмняват: „Знае ли изобщо Бог, че съм тук?" или „Чува ли Бог молитвите ми, когато се моля?" Така е, защото нямат достатъчно вяра във всемогъщия и вездесъщ Бог.

Давид преминал през много трудности в живота си и въпреки това проповядвал: „Ако възляза на небето, Ти си там. Ако си постеля в преизподнята, и там си Ти. Ако взема крилата на зората И се заселя в най-далечните краища на морето. И там ще ме води ръката Ти, И Твоята десница ще ме държи." (Псалми 139:8-10).

Тъй като Бог управлява над цялата вселена и всички неща в нея, преминавайки ограниченията на времето и пространството, физическото разстояние, което хората чувстват, няма значение за Бог.

Исая 57:19 гласи: „Аз, който създавам плода на устните: казва Господ, ще река: Мир, мир на далечния и близкия; И ще го изцеля." Тук „Аз, който създавам плода на устните" означава, че словото, произнесено от Бога, наистина ще се изпълни, както е записано в Числа 23:19.

В Исая 55:11 е записано също: „Така ще бъде словото Ми, което излиза из устата Ми; Не ще се върне при Мене празно, Но ще извърши волята Ми, и ще благоуспее в онова, за което го изпращам."

Всички творения се подчиняват на оригиналния глас

Създателят Бог създал небесата и земята с Неговия оригинален глас. Ето защо всички, които са създадени чрез оригиналния глас, се подчиняват на него, дори и да не са живи организми. Например, днес разполагаме с устройства за разпознаване на гласа, които отговарят само на определен глас. По същия начин, оригиналният глас се съдържа във всички неща във вселената и те се подчиняват, когато звучи.

Исус, който е Бог, също звучал с оригиналния глас. Марко 4:39 гласи: „И Той, като се събуди, смъмра вятъра и рече на езерото: „Мълчи! утихни!" И вятърът престана, и настана голяма тишина." Дори морето и вятърът, които нямат уши или живот, се подчиняват на оригиналния глас. Какво тогава трябва да направят човешките същества, които имат уши и съзнание? Очевидно трябва да се подчиняваме. Каква е причината хората да не се подчиняват?

В примера за устройството за разпознаване на гласа, нека да предположим, че има сто апарата от този вид. Собственикът настройва апаратите да функционират, когато чуят гласът да казва: „Да". Някой обаче променя настройката на 40 апарата. Той настройва 40 от апаратите да функционират, когато чуят: „Не". Тогава тези 40 апарата никога няма да функционират, когато собственикът каже: „Да". По същия начин, след прегрешението на Адам хората не били в състояние да чуят оригиналния глас.

Хората станали неспособни да чуят оригиналния глас

Адам в действителност бил създаден като жив дух, слушал и се подчинявал на Божието слово, истината. Бащата Бог учил Адам само на духовно познание, което било словото на истината, но Бог дал на Адам свободна воля и от Адам зависело дали да се подчини на истината или не. Бог не искал дете като робот, което да го слуша безусловно винаги.

Той искал деца, които щели доброволно да се подчиняват на Словото Му и да Го обичат с истински сърца. Въпреки това, след известно време Адам бил изкушен от Сатаната и не спазил Божието Слово.

В Римляни 6:16 е записано: „Станало според записаното

в Римляни 6:16: „Не знаете ли, че комуто предавате себе си като послушни слуги, слуги сте на оня, комуто се покорявате, било на греха, който докарва смърт, или на послушанието, което докарва правда?" Както е записано, потомците на Адам станали роби на греха и врага дявол и Сатаната поради своето неподчинение.

Сега били обречени да мислят, говорят и действат, както Сатаната ги подстрекавал, извършвали все повече грехове и накрая ги очаквала смърт. Исус дошъл на тази земя в Божието провидение. Той умрял като изкупителна жертва, за да спаси всички грешници и възкръснал.

Поради тази причина, в Римляни 8:2 е записано: „Защото законът на животворящия Дух ме освободи в Христа Исуса от закона на греха и на смъртта." Както е записано, онези, които вярват в Исус Христос в сърцата си и вървят в Светлината, не са повече роби на греха.

Това означава, че са способни да чуят оригиналния глас на Бог чрез вярата си в Исус Христос. Следователно, онези, които го чуват и му се подчиняват, могат да получат отговор на всичко, което искат.

Причина, заради която не получават отговори

Възможно е някои хора да помислят: „Вярвам в Исус Христос и ми е простено за греховете, защо не мога да се излекувам?" Искам да Ви задам следния въпрос: В каква степен спазвате Божието слово в Библията?

Докато проповядвате, че вярвате в Бог, обичате ли света, мамите ли другите или извършвате лоши неща, като светските хора? Искам да проверя дали сте спазвали свещен Божия ден, дали сте давали своите десятъци и сте спазвали Божите заповеди, които ни казват какво да правим, да не правим или да отхвърлим.

Ако можете уверено да отговорите положително

на горните въпроси, ще получите отговора на всичко, което желаете. Дори и отговорът да се забави, просто ще благодарите от все сърце и ще разчитате на Бог неотклонно. Ако покажете вярата си по този начин, Бог няма да се поколебае да Ви даде отговор. Той ще звучи с оригиналния глас и ще каже: „Ще бъде сторено за теб според вярата ти" и действително ще бъде направено според твоята вяра.

Стотникът имал добро сърце

В Матей, глава 8 се разказва за един римски стотник, който получил отговор чрез вярата. Когато отишъл при Исус, болестта на неговия слуга била излекувана чрез оригиналния глас на Исус.

По онова време Израел се намирал под управлението на Римската империя, в която имало главнокомандуващи на хиляда, сто, петдесет и десет войника. Рангът им зависел от броя на войниците, които командвали. Един от онези, които отговаряли за сто войници, стотници, се намирал в Капернаум в Израел. Той чул новините, че Исус проповядвал любов, добрина и милост.

Исус казал в Матей 5:38-39: „Чули сте, че е било казано: „Око за око, зъб за зъб". А пък Аз ви казвам: „Не се противете на злия човек; но, ако те плесне някой по дясната буза, обърни му и другата."

Също така, в Матей 5:43-44 е записано: „Чули сте, че е било казано: „Обичай ближния си, а мрази неприятеля си". Но Аз ви казвам: „Обичайте неприятелите си и молете се за тия, които ви гонят." Хората с добри сърца ще бъдат разчустваани, когато чуят такива думи на добрина.

Стотникът обаче чул също, че Исус не само проповядвал добрина, но и извършвал чудеса и знамения, които не били по силите на човека. Новините били, че прокажените, които били считани за прокълнати, оздравяли, слепите прогледнали, немите проговорили и глухите започнали да чуват. Освен това, сакатите започнали да вървят и да подскачат и куците също проходили. Стотникът просто повярвал в тези думи и ги приел, каквито са.

Различните хора обаче реагирали различно на тези новини за Исус. Когато видяли Божите дела, първият вид хора не разбрали нищо. Заради своята егоцентрична вяра, вместо да приемат и да повярват, те осъждали и критикували.

Фарисеите и писарите, които притежавали неотемни права, били от този вид. В Матей 12:24 е записано, че казали следното за Исус: „Тоя не изгонва бесовете, освен чрез началника на бесовете, Веелзевула." Те произнасяли зли думи поради духовното си невежество.

Вторият вид хора вярвали в Исус като един от великите пророци и Го следвали. Например, когато Исус съживил един млад човек от мъртвите, хората казали: „И страх обзе всички, и славеха Бога, казвайки: „Велик пророк се издигна между нас! и Бог посети Своите люде!" (Лука 7:16)

На трето място, имало хора, които осъзнали в сърцето си и повярвали в Исус като Син на Бога, който дошъл на тази земя, за да стане Спасителят за всички хора. Един човек бил сляп по рождение, но очите му се отворили широко, когато срещнал Исус. Той казал: „А пък от века не се е чуло да е отворил някой очи на сляпороден човек. Ако не беше Този Човек от Бога, не би могъл нищо да стори" (Йоан 9:32-33).

Той осъзнал, че Исус дошъл като Спасителя и признал: „Господи, аз вярвам" и отдал слава на Исус. По подобен начин онези, които имали добро сърце, което било способно да разпознае нещо добро, разбрали, че Исус е Синът на Бога само като станали свидетели на направеното от Него.

В Йоан 14:11 Исус казал: „Вярвайте Ме, че Аз съм в Отца и че Отец е в Мене; или пък вярвайте Ме поради самите дела." Ако живеехте по времето на Исус, какъв вид хора мислите, че щяхте да бъдете?

Стотникът бил един от хората от третия тип. Той повярвал в новините за Исус и отишъл пред Него.

Стотникът изпитал чудо, преминаващо времето и пространството.

Каква е причината стотникът да получи отговор веднага след като чул Исус да казва: „както си повярвал, така нека ти бъде"?

Виждаме, че стотникът вярвал на Исус в сърцето си. Той вярвал на всичко, което му казвал Исус. Най-важното за този стотник е, че отишъл пред Исус с истинска любов за душите.

Матей 8:6 гласи: „Господи, слугата ми лежи у дома парализиран, и много се мъчи." Този стотник отишъл пред Исус и се молил не за своите родители, близки или дори деца, а за слугата си. Той изпитвал болката на слугата си като своя собствена и отишъл при Исус. Как би могъл Исус да не се трогне от неговото добро сърце?

Парализата е тежко състояние, което не може лесно да се излекува, дори с най-добрите медицински умения. Човек не може да движи свободно краката и ръцете си и се нуждае от помощта на другите. Също така, в някои случаи трябва да разчита на чужда помощ, за да се измие, да се храни или да се преоблича.

Ако болестта продължи дълго време, много е трудно да се намери човек, който да се грижи постоянно за болния с любов и състрадание, както гласи една корейска поговорка: „Няма предани синове при дълготрайна болест." Няма много хора, които да обичат членовете на своето семейство, като себе си.

Въпреки това, когато цялото семейство се моли за тях

с любов, има случаи, когато се излекуват или получават разрешение на много труден проблем. Тяхната молитва и дела на любовта разчустват сърцата на Бащата Бог толкова много, че Бог им показва любов, която надминава Неговата справедливост.

Стотникът вярвал напълно, че Исус бил в състояние да излекува парализата на неговия слуга. Той помолил Исус и получил отговор.

Втората причина стотникът да получи отговор била, че показал съвършена вяра и желание да се подчини изцяло на Исус.

Исус видял, че стотникът обичал неговия слуга като себе си и му казал: „Ще дойда и ще го изцеля." Стотникът казал в Матей 8:8: „Господи, не съм достоен да влезеш под стряхата ми; но кажи само една дума, и слугата ми ще оздравее."

Повечето хора ще бъдат много щастливи, ако Исус дойде в дома им. Стотникът обаче проповядвал смело, както е написано по-горе, защото имал истинска вяра.

Така е, защото бил способен да се подчини на всичко, което казвал Исус. Виждаме това от думите му в Матей 8:9: „Защото и аз съм подвластен човек и имам подчинени на мен войници; и казвам на тогова: Иди! и той отива; и на друг: „Дойди!" и той дохожда; а на слугата си: „Стори това!" и го струва." Когато Исус чул това, Той се учудил и казал на онези, които следвали: „Истина ви казвам, нито в Израиля съм намерил толкова вяра."

По същия начин, ако правите това, което Бог заповядва да правим, ако не сте правили това, което Бог ни казва да не правим, ако сте запазили това, което Бог ни казва да запазим и отхвърлите това, което Бог ни казва да отхвърлим, можете да бъдете уверени и да помолите Бог за всичко, което искате. Така е, защото 1 Йоаново 3:21-22 гласи: „Възлюбени, ако нашето сърце не ни осъжда, имаме дръзновение спрямо

Бога: и каквото и да поискаме, получаваме от Него, защото пазим заповедите Му и вършим това що е угодно пред Него."

Стотникът имал съвършена вяра в силата на Исус, който можел да лекува, като използвал Неговото Слово. Въпреки че бил стотник на Римската империя, той смирил себе си и имал желание да се подчинява напълно на Исус. Поради тези причини получил отговори на своите желания.

В Матей 8:13 Исус казал на стотника: „Иди си; както си повярвал, така нека ти бъде" и слугата бил излекуван в този момент. Когато Исус звучал с оригиналния глас, получил отговор, преминаващ времето и пространството, както вярвал стотникът.

Могъщи дела, преминаващи времето и пространството

Псалми 19:4 гласи: „Тяхната вест е излязла по цялата земя, и думите им до краищата на вселената." Както е записано, оригиналният глас, който излязъл от устата на Исус, достигнал всички краища на света и Божията сила била представена отвъд пространството, независимо от физическата дистанция.

Също така, оригиналният глас преминава ограниченията на времето. Следователно, дори и след известно време, словото е изпълнено след подготвяне на съда за получаване на отговор.

В тази църква се случват много дела на Божията сила, преминаващи границите на времето и пространството. През 1999 г., едно пакистанско момиче дойде при мен със снимка на своята сестра, наречена Синтия. По онова време Синтия умираше от смъкване на дебелото черво и целиачна болест.

Лекарят каза, че има малък шанс за оцеляване, дори и след хирургическа намеса. В тази ситуация по-голямата сестра на Синтия дойде при мен със снимка на нейната сестра, за да получи моята молитва. От момента, в който се помолих за Синтия, тя се възстанови много бързо.

През октомври 2003 г., съпругата на един помощник пастор в нашата църква дойде да получи моята молитва върху снимката на нейния брат. Брат й имаше проблем с намаляване на броя на тромбоцитите в кръвта. Той имаше кръв в урината, изпражненията, очите, носа и устата. Кръвта му проникна също в белия дроб и червата. Той просто очакваше смъртта. Въпреки това, когато се помолих с моите ръце, положени върху неговата снимка, броят на тромбоцитите бързо се повиши и той се възстанови много бързо.

Този вид дела, преминаващи времето и пространството, се случиха много по време на руската мисия, проведена в Св. Петербург през ноември 2003 г. Мисията бе излъчена чрез 12 сателита в повече от 150 държави в Русия, Европа, Азия, Северна Америка и Латинска Америка. Излъчването включваше Индия, Филипините, Австралия, Съединените щати, Хондурас и Перу. Също така се проведоха едновременно събрания в още 4 града в Русия и в Киев, Украйна.

Независимо дали хората присъстваха на събранията или ги гледаха по телевизията от дома си, онези, които слушаха посланието и получиха молитвата с вяра, бяха изцелени веднага и ни изпратиха свидетелства по имейл. Въпреки че не се намираха в същото физическо пространство, когато звучеше оригиналният глас, той въздейства върху тях, защото се намираха заедно в едно и също духовно пространство.

Ако притежавате вяра и желание да спазвате Божието слово, показвате Вашите праведни дела, като стотника и вярвате в силата на Бог, който действа, преминавайки ограниченията на времето и пространството, можете да имате благословен живот, като получавате отговори на всичко, за което се молите.

По време на двуседмичните непрекъснати специални събрания за изцеление, които бяха проведени в продължение на 12 години 1993 до 2004 г., хората бяха излекувани от различни видове болести и получиха разрешения на различни житейски проблеми. Други бяха ръководени по пътя на спасението. Въпреки това, Бог ни накара да спрем тези религиозни служби след религиозната служба през 2004 г. Това беше за още по-голям скок напред.

Бог ми позволи да започна нови духовни проучвания и ми обясни различно измерение на духовното царство. Първоначално не разбрах смисъла. Имаше съвсем нови термини. Просто се подчиних и започнах да ги уча, вярвайки, че някой ден ще ги разбера.

Преди около 30 години получих Божията сила чрез много молитви и пости, които отдадох, откакто станах пастор. Трябваше да се справя с изключителна горещина по време на 10, 21, 40 дни на пости и молитви на Бог.

Въпреки това, духовните учения, които Бог ми даде, бяха несравнимо по-мъчително обучение от тези усилия. Трябваше да се опитам да разбера нещата, които не бях чувал никога преди това и трябваше да се моля като Яков на реката Ябок, докато не ги разбера.

Освен това, трябваше да страдам също от различни физически състояния на тялото ми. Така както един астронавт трябва да бъде обучен много добре, за да се адаптира към живота в пространството, в тялото ми се случваха много различни неща, докато постигнах измерение, което Бог желаеше да постигна.

Аз преодолях всеки момент с моята любов и вяра в Бог и скоро постигнах духовно познание за произхода на Бащата Бог, за закона за любовта и справедливостта и много други.

В допълнение, колкото повече се доближавах до измерението, което Бог искаше да постигна, толкова повече се случваха могъщите дела. Членовете на църквата получаваха благословии по-бързо и се случваха по-често божествени изцеления. Всеки ден има все повече свидетелства.

Бог иска да изпълни Неговото провидение в края на времето с най-голямата и велика сила, която хората не могат да си представят. Поради тази причина отдал тази сила за построяването на Великия храм, като ковчег на спасението, който ще провъзгласи Божията слава и евангелието ще бъде върнато на Израел.

Изключително трудно е да се проповядва евангелието в Израел, където не е позволено нито едно християнско събрание. Това може да бъде извършено само с изключителната сила на Бог, която може дори да разтърси света и задължението, отдадено на нашата църква, е да проповядва евангелието в Израел.

Надявам се да разберете, че е много близо времето за изпълнение на плановете на Бог за края на времето, да се украсите като булки на Господ и всичко да бъде добре за Вас, като преуспява душата Ви.

Примери от
Библията - 3

Силата на Бог, който притежава четвъртото небе

Четвъртото небе е пространството, предназначено изключително за оригиналния Бог. Това е мястото за Триединния Бог, където всичко е възможно.

Нещата са създадени от нищото. Извършва се това, което Бог пази в сърцето Си. Дори твърдите предмети могат да се превърнат свободно в течност или газ.

Това място се нарича „пространството на четвъртото измерение".

Делата, използващи това духовно пространство на четвъртото измерение, са делата на творението, контролирането на живота и смъртта, изцелението и други дела, преминаващи ограниченията на времето и пространството. Силата на Бог, който притежава четвъртото небе, днес е представена, както вчера.

1. Дела на творението

Дело на творението означава да създадеш за първи път нещо, което не е съществувало никога преди това. Дело на творението било, когато Бог създал небесата, земята и всички неща на тях в началото само с Неговото слово. Бог може да покаже делата на творението, защото притежава четвъртото небе.

Дела на творението, представени от Исус

Превръщането на водата във вино в Йоан, глава 2, е дело на творението. Исус бил поканен на сватбено тържество и виното свършило.
Мария се чувствала неудобно в тази ситуация и помолила Исус за помощ. Исус отказал отначало, но Мария все още имала вяра. Тя вярвала, че Исус ще помогне на домакина на тържеството.
Исус взел под внимание съвършената вяра на Мария и казал на слугите да напълнят делвите с вода и да ги занесат на главния сервитьор. Той не се молил и не заповядал на водата да се превърне във вино. Той просто го пожелал в сърцето Си и водата в шестте делви се превърнала във висококачествено вино.

Дела на творението чрез Илия

Вдовицата от Сарепта в 3 Царе, глава 17 се намирала в много трудна ситуация. Поради дълготрайна суша, тя останала без храна и й останало само шепа брашно и малко масло.
Илия я помолил да изпече малко хляб и да му го даде: „Защото така казва ГОСПОД Израилевият Бог: делвата с брашното няма да се изпразни, нито стомната с маслото ще намалее, до деня, когато ГОСПОД даде дъжд на земята" (3 Царе 17:14). Вдовицата се подчинила на Илия без да търси извинения.
В резултат на това, тя, Илия и членовете на домакинството й се хранили много дни, делвата с брашното не се изпразнила и стомната с масло не намаляла (3 Царе 17:15-16). Тук фактът, че делвата с брашното не се изпразнила и стомната с масло не намаляла означава, че се случило едно дело на творението.

Дела на творението чрез Моисей

В Изход 15:22-23 четем, че синовете на Израел пресекли Червено море и отишли в пустинята. Изминали три дни, но не били в състояние да намерят вода. Намерили вода на едно място, наречено Мара, но тя била горчива и не ставала за пиене. Започнали да се оплакват на висок глас.
Моисей се помолил на Бог и Бог му показал едно дърво. Когато Моисей хвърлил дървото във водата, водата станала сладка и годна за пиене. Това не било защото дървото съдържало елементи, които отнели горчивия вкус на водата. Това било дело на творението на Бог, което било показано чрез вярата и подчинението на Моисей.

Център за сладка вода Муан

Църквата Манмин Муан изпитала дела на творението

Бог все още показва дела на творението в днешно време. Сладката вода Муан е едно такова творение. На 4 март, 2000 г., аз се молих в Сеул солената вода в Църквата Манмин Муан да се превърне в сладка вода и членовете на църквата потвърдиха, че получили отговор на молитвата на следващия ден, 5 март.

Църквата Манмин Муан е обградена от морето и членовете й имали само солена вода от кладенеца. Налагало се да получават питейна вода чрез една тръба от място, намиращо се на 3 км. Това представлявало голямо неудобство за тях.

Членовете на църквата Манмин Муан си спомнили за събитието в Мара в книгата на Изход и поискаха да се моля с вяра за превръщането на солената вода в сладка. По време на моята 10-дневна планинска молитва от 21 февруари, аз се молих за църквата Манмин Муан. Членовете на църквата Манмин Муан постиха и се молиха за същото.

По време на моята планинска молитва, аз се съсредоточих само върху молитвите и Божието слово. Моите усилия и вярата на членовете на църква Манмин Муан отговаряха на изискванията на Бог и било представено това изумително дело на творението. С духовните очи човек е способен да види лъча светлина от Божия трон, който се спуска надолу до края на тръбата на кладенеца така че при преминаването си през този лъч, солената вода се превръща в сладка вода.

Тази сладка вода Муан обаче не е просто питейна. Когато хората я пият или я прилагат с вяра, те получават божествено изцеление и разрешение на проблемите си според вярата им. Има безброй свидетелства на такива дела чрез сладка вода Муан и много хора по целия свят посещават този кладенец в църквата Манмин Муан.

Сладката вода Муан бе изследвана от Агенцията по храни и лекарства на Съединените щати и нейната безопасност и добри качества бяха потвърдени в петте категории за: минерални фактори, съдържание на тежки метали, химически утайки, кожни реакции и токсичност чрез опитни мишки. Тя е много богата на минерали и съдържанието й на калции е три пъти по-високо от това на други известни минерални води от Франция и Германия.

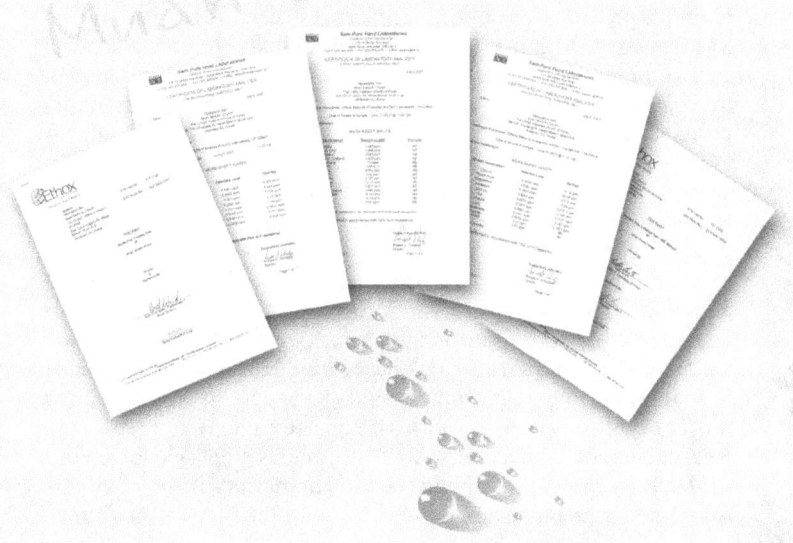

Резултати от изследванията на Агенцията по храни и лекарства на Съединените щати

2. Контролиране на живота

В пространството на четвъртото измерение, което притежава характеристиките на четвъртото небе, понякога мъртвите могат да бъдат съживени или нещо живо да бъде умъртвено. Това се отнася за всичко живо, независимо дали растения или животни. Такъв бил случаят с пръчката на Аарон, която разцъфнала. Това се случило в пространството на четвъртото измерение. За един ден сухата пръчка покълнала и напъпила, след това разцъфнала и родила зрели бадеми. В Матей 21:19 Исус казал на едно смокиново дърво, което нямало плодове: „Отсега нататък да няма плод от тебе до века." И смоковницата изсъхна на часа. Това също се случило в пространството на четвъртото измерение.
В Йоан 11 четем за Исус, който съживил Лазар, който бил мъртъв от четири дни и миришел отвратително. В случая на Лазар трябвало да се върне не само душата му, но тялото му, което било мъртво, трябвало да се обнови изцяло. Физически това било невъзможно, но тялото му се възстановило за един момент в пространството на четвъртото измерение.

В Централната църква Манмин, един брат, наречен Кионуи Парк, загубил напълно зрението си с едното око, но го възстановил изцяло. Претърпял операция за катаракта на три-годишна възраст. Получили се усложнения и страдал от сериозен увеит и отделяне на ретината. При отделяне на ретината не можете да виждате добре. Освен това имал phthisis bulbi, което означава свиване на очната ябълка. През 2006 г. загубил напълно зрението си с лявото око.
Въпреки това, през юли 2007 г., той възстанови зрението си чрез моята молитва. Лявото му око не усещаше дори светлината, но сега можеше да вижда. Свитата очна ябълка също възстанови нормалния си размер.
Зрението с дясното му око също беше лошо, 0.1, но се подобри на 0.9. Свидетелството му бе представено с всички медицински и болнични документи на 5тата международна конференция на християнските лекари, проведена в Норвегия. На конференцията присъстваха 220 медицински професионалисти от 41 държави. Този случай бе избран за най-интересния от много други представени случаи.

Същото може да се случи с други тъкани или нерви. Дори и нервите или клетките да са мъртви, те могат отново да

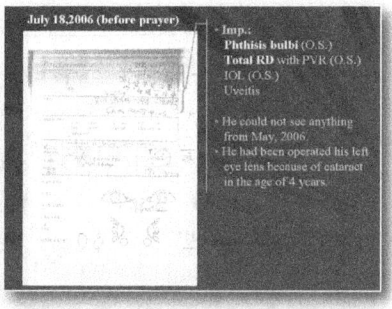

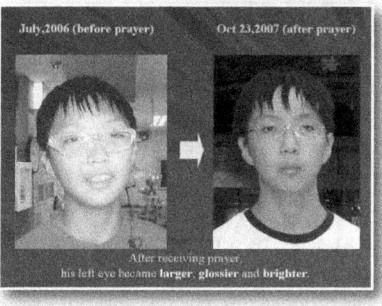

Случаят на Кионуи Парк, представен на 5тата конференция на WCDN

се нормализират, ако ги покритие с пространството на четвъртото измерение. Физическите недъзи също могат да се коригират в пространството на четвъртото измерение. Други болести, причинени от микроби или вируси, като СПИН, туберкулоза, настинка или треска, могат да бъдат излекувани в пространството на четвъртото измерение.

В тези случаи огънят на Светия дух идва и изгаря микробите или вирусите. Увредените тъкани се възстановяват в пространството на четвъртото измерение и се изцеряват напълно. Дори що се отнася до проблема на безплодието, човек може да има бебе, ако органът или проблемната част бъдат коригирани в пространството на четвъртото измерение. За да бъдем излекувани от болести или недъзи чрез Божията сила в пространството на четвъртото измерение, трябва да отговаряме на изискванията на справедливостта на Бога.

3. Дела, които преминават ограниченията на времето и пространството

Могъщите дела, които се изпълняват в пространството на четвъртото измерение, са представени, преминавайки ограниченията на времето и пространството. Така е, защото пространството на четвъртото измерение съдържа и преминава всички пространства на други измерения. Псалми 19:4 гласи: „И думите им до краищата на вселената..." Това означава, че думите на Бог, които обитават на четвъртото небе, ще достигнат края на света.

Дори две точки на голямо разстояние в това първо небе, физическото царство, изглеждат сякаш са една до друга в концепта на пространството на четвъртото измерение. Светлината пътува около Земята седем и половина пъти в секунда. Светлината на Божията сила обаче може да достигне дори края на вселената за един момент. Следователно, дистанцията във физическото царство няма значение или ограничения в пространството на четвъртото измерение.

В Матей глава 8, един стотник попитал Исус дали можел да излекува неговия слуга. Исус казал, че щял да отиде в дома му и стотникът отговорил: „Господи, не съм достоен да влезеш под стряхата ми; но кажи само една дума, и слугата ми ще оздравее." Исус казал: „Иди си; както си повярвал, така нека ти бъде." Слугата бил излекуван в същия момент.

Тъй като Исус притежава пространството на четвъртото небе, един болен човек, който се намирал на отдалечено място, се излекувал само със заповедта на Исус. Стотникът получил тази благословия, защото показал съвършена вяра в Исус. Исус похвалил също вярата на стотника: „Истина ви казвам, нито в Израиля съм намерил толкова вяра."

Дори и днес, Бог показва делата на силата, които преминават ограниченията на времето и пространството, за онези деца, които са обединени с Бог чрез съвършена вяра.

Синтия в Пакистан умирала от целиачна болест. Лизаниас в Израел умирал от вирусна инфекция. Въпреки това, те били излекувани чрез силата на молитвата, която преминава ограниченията на времето и пространството. Робърт Джонсън в Съединените щати също получи изцеление чрез силата на молитвата, преминаваща времето и пространството. Неговото ахилесово сухожилие било скъсано и не бил способен да ходи поради силна болка. То било възстановено без никакво медицинско лечение само чрез силата на молитвата, преминаваща времето и пространството. Това е делото на силата, представена в пространството на четвъртото измерение. Изключителните дела, които се случват с кърпички, също са дела, преминаващи времето и пространството. Дори и с течение на времето, ако притежателят на кърпичката е праведен в очите на Бог, съдържащата се сила в нея не изчезва. Следователно, кърпичката, върху която е направена молитва, е много ценна, защото може да открие пространството на четвъртото измерение навсякъде.

Няма да има никакво дело на Бога, ако човек използва кърпичката по неправеден начин без вяра. Не само този, който се моли с кърпичката, но и лицето, за когото е молитвата, трябва да отговаря на изискванията за справедливостта. Той трябва да вярва без колебание, че кърпичката съдържа Божията сила.

Всички неща в духовното царство се извършват точно според справедливостта. Ето защо, вярата на човека, който се моли и на човека, за когото е молитвата, се измерва точно и делото на Бог ще бъде представено подобаващо.

4. Използване на духовното пространство

Исус Навиев 10:13 гласи: "Слънцето застана всред небето, и не побърза да дойде почти цял ден." Това се случило по време на битката на Исус Навиев срещу аморитите, когато завладявал Ханаанската земя. Как може времето да спре за един ден на първото небе?

Един ден е периодът от време, през който Земята се завърта един път около своята ос. Ето защо, за да спре времето, трябва да спре въртенето на Земята. Въпреки това, ако въртенето на Земята спре, това ще бъде катастрофално не само за самата Земя, но и за много други небесни тела. Как може тогава да спре времето почти за един ден?

Това било възможно, защото не само Земята, но и всичко на първото небе се намирало в потока от време на духовното царство. Потокът на времето на второто небе е по-бърз от потока на времето на първото небе и потокът на времето на третото небе е по-бърз от този на второто небе. Потокът на времето на четвъртото небе може да бъде по-бърз или по-бавен от този на други небета. С други думи, потокът на времето в четвъртото небе може да варира според Божите намерения, които Той таи в сърцето Си. Той може да удължи, съкрати или спре потока на времето.

В случая на Исус Навиев, цялото първо небе било покрито от пространството на четвъртото небе и времето било удължено според необходимото. В Библията виждаме друг пример, когато един човек се намирал в съкратен поток на времето. Такъв бил случаят, когато Илия тичал по-бързо от колесницата на царя в 3 Царе, глава 18.

Съкратеният поток на времето е противоположното на удължения поток на времето. Илия тичал със своето собствено темпо, но се намирал в съкратения поток на времето и бил способен да тича по-бързо от колесницата на царя. Делата на творението, съживяващи мъртвите и делата, преминаващи ограниченията на времето и пространството, се извършват в потока на времето, което е спряло. Ето защо съответното дело във физическия свят се извършва веднага чрез заповед или запазването й в сърцето.

Нека да разгледаме това, което прилича на „телепортиране" на Филип в Деяния, глава 8. Той бил ръководен от Светия дух, за да срещне етиопския евнух по пътя, който се спуска от Ерусалим до Газа. Филип проповядвал евангелието на Исус Христос и го покръстил с вода. След това, Филип се появил внезапно в един град, наречен Азотус. Това приличало на „телепортиране'.

За да се извърши това телепортиране, човек трябва да премине духовния коридор, който е образуван от пространството на четвъртото измерение, което има характеристиките на четвъртото небе. В този коридор е прекъснат потокът на времето и човек може да измине веднага разстоянието.

Ако ние сме способни да използваме този духовен коридор, можем да контролираме дори атмосферните условия. Например, представете си, че има две места, където хората страдат от суша и наводнение. Ако дъждът от мястото с наводнение може да бъде изпратен в мястото, където има суша, проблемът на двете места ще бъде разрешен. Дори тайфуните или ураганите се преместват чрез духовните коридори на място, което не е населено и няма да причинят проблем. Ако използваме духовното пространство, можем да контролираме не само тайфуните, но и изригванията на вулкани и земетресенията. Така е, защото можем да покрием вулкана или епицентъра на земетресението с духовното пространство.

Всички тези неща обаче са възможни само ако са правилни според справедливостта на Бог. Например, правилно е за ръководителите на една държава да поискат молитва за спиране на природно бедствие, което засяга цяла нация. Също така, дори и да е създадено духовно пространство, не можем да противоречим изцяло на справедливостта на първото небе. Ефектите на духовното пространство ще бъдат ограничени според степента, в която първото небе няма да изпадне в хаос след повдигане на духовното пространство. Бог управлява всички небеса с Неговото могъщество и Той е Бог на любовта и справедливостта.

(Край)

Авторът:
Д-р Джейрок Лий

Д-р Джерок Лий е роден в Муан, провинция Джионам, република Корея, през 1943 година. На двадесет години д-р Лий започва да страда от различни нелечими болести и в продължение на седем години живее в очакване на смъртта, без надежда за оздравяване. Един ден, през пролетта на 1974 г., сестра му го завежда в една църква и когато той коленичи да се помоли, живият Бог незабавно го изцелява от всички болести.

От момента в който д-р Лий опознава живия Бог чрез това прекрасно преживяване, той започва да Го обича с цялото си сърце и душа и през 1978 година е призован да стане Божий служител. Моли се пламенно, за да може ясно да разбере и изпълни Божията воля и да се подчинява безпрекословно на Божието слово. През 1982 г. основава Централната църква Манмин в Сеул, Южна Корея, където започват да се извършват безброй Божии дела, включително чудотворни изцеления.

През 1986 г. д-р Лий е ръкоположен за пастор на годишната среща на Святата корейска църква на Исус, а четири години по-късно, през 1990 г., неговите проповеди започват да се излъчват в Австралия, Русия, Филипините и много други страни чрез далекоизточната радиопредавателна компания, азиатската радиостанция и вашингтонското християнско радио.

Три години по-късно, през 1993 г., Централната църква Манмин е избрана от списание Християнски свят (САЩ) като една от 50-те водещи световни църкви и той получава титлата почетен доктор по богословие от Християнския колеж във Флорида, САЩ. През 1996 г. д-р Лий защитава докторат по християнско духовенство от Теологичната семинария Кингсуей, Айова, САЩ.

От 1993 година д-р Лий заема водещо място в световното християнско духовенство чрез участието си в редица международни инициативи в Лос Анжелис, Балтимор и Ню Йорк (САЩ), Танзания, Аржентина, Уганда, Япония, Пакистан, Кения, Филипините, Хондурас,

Индия, Русия, Германия, Перу и Демократична република Конго, а през 2002 г. е обявен за «световен пастор» от главните християнски вестници в Корея благодарение на своето участие в различни международни мисии.

От декември, 2017 г. година паството на Централната църква Манмин наброява над 130 000 члена и 11 000 национални и чуждестранни църковни представителства в целия свят. Досега е изпратила повече от 98 мисионери във 26 страни, включително в САЩ, Русия, Германия, Канада, Япония, Китай, Франция, Индия, Кения и много други.

Досега д-р Лий е написал 110 книги, включително бестселърите „Опитване на Вечния Живот преди Смъртта", „Моят Живот, Моята Вяра I и II", „Посланието на Кръста", „Мярката на Вярата", „Небето I и II", „Адът" и „Божията Сила". Книгите му са преведени на повече от 76 езика.

Неговите християнски статии са публикувани в The Hankook Ilbo, The Chosun Ilbo, The JoongAng Daily, The Dong-A Ilbo, The Seoul Shinmun, The Kyunghyang Shinmun, The Korea Economic Daily, The Shisa News и The Christian Press.

Понастоящем Д-р Лий е ръководител на редица мисионерски организации и асоциации. Той е председател на Обединената света църква на Исус Христос, постоянен президент на Световната християнска асоциация за изцеление, основател и председател на съвета на Глобалната християнска мрежа (GCN), основател и председател на съвета на Световната мрежа на християнските лекари (WCDN) и основател и председател на съвета на Международната семинария Манмин (MIS).

Други силни книги от същия автор

Небето I & II

Подробна картина на красивата обител, на която се радват небесните жители и прекрасно описание на различните равнища на небесните царства.

Посланието на Кръста

Мощно пробуждащо послание за всички хора, които са духовно заспали! С тази книга ще разберете защо Христос е единственият Спасител и истинската Божия любов.

Ад

Ревностно послание за цялото човечество от Бога, който не иска нито една душа да попадне в Ада! Ще разкриете жестоката действителност на чистилището и ада, описана за първи път.

Дух, Душа и Тяло I & II

Ръководство за духовно разбиране на духа, душата и тялото, което ни помага да открием какъв вид „същност" сме изградили, за да добием силата да победим тъмнината и да станем хора на духа.

Мярката на Вярата

Каква обител, каква корона и какви награди са запазени за вас на небето? Тази книга дарява с мъдрост и ръководство, за да разберете вярата си и да я направите истинска и всеотдайна.

Пробуди се, Израел

Защо Бог не откъсва поглед от Израел от неговото създаване до наши дни? Какво е Божието провидение за Израел през последните дни, когато очаква Месията?

Моят Живот, Моята Вяра I & II

Силен духовен аромат, извлечен от живота, процъфтял с несравнима любов към Бога сред тъмни вълни, изпитания и дълбоко отчаяние.

Божията Сила

Задължително четиво, което ни ръководи, за да притежаваме истинска вяра и да изпитаме чудната сила на Бога.

www.urimbooks.com

www.ingramcontent.com/pod-product-compliance
Lightning Source LLC
LaVergne TN
LVHW021820060526
838201LV00058B/3460